낙수집
落穗集

낙수집落穗集

발행일	2026년 3월 20일

지은이	오승재
펴낸이	손형국
펴낸곳	(주)북랩

출판등록 2004. 12. 1(제2012-000051호.)
주소   서울특별시 금천구 가산디지털 1로 168, 우림라이온스밸리 B동 B111호, B113~115호
홈페이지 www.book.co.kr
전화번호 (02)2026-5777   팩스   (02)3159-9637

ISBN   979-11-7598-185-0 03230 (종이책)   979-11-7598-186-7 05230 (전자책)

작가 연락처 문의 ▸ ask.book.co.kr

전용 게시판에 문의를 남기시면 저자에게 직접 전달됩니다.

(주)북랩 성공출판의 파트너

북랩 홈페이지와 SNS에서 다양한 출판 솔루션을 만나 보세요!

홈페이지 book.co.kr   •   **블로그** blog.naver.com/essaybook   •   **출판문의** text@book.co.kr
카톡채널 북랩

낙수집
落穗集

오승재 지음

북랩

추천사

이 책 『낙수(落穗)』는 저자 오승재가 자신의 90년 가까운 자신의 삶을 돌아보며, 하나님과 동행한 삶의 여정들을 세 가지 장르의 글로 기록한 문집이다. 수필, 콩트, 기도문으로 정리된 이 책에는 저자가 생각하는 기독교 신앙의 면모들이 다채롭게 정의, 묘사되고 있다. 저자는 가족과 주변 사람들에 얽힌 따뜻하고 애틋한 일화들을 풍성하게 제공하며 독자들의 심금을 울린다. 목회·교회·신앙 공동체와 기독교적 가치관에 대한 저자의 관점은 수필들과 콩트들에 직간접으로 드러난다. 그의 글 여러 곳에서 익살스러운 풍자나 따뜻한 유머가 돋보인다.

절기 기도문은 저자의 일인칭 기도문들의 묶음으로, 생각 있는 그리스도인들이 공감할 수 있는 명문들로 가득 차 있다. 좌우 이념으로 분열된 2026년 대한민국의 교회 환경을 생각하면, 이 기도문들이 얼마나 세심한 균형 감각과 배려심 아래 쓰여졌는가를 느낄수 있다.

『낙수(落穗)』의 다섯 가지 주제

크게 다섯 가지 정도의 주제를 다룬 글들이 이 이 책을 구성한다.

첫째, 기독교 신앙에 대한 성찰과 '기다림'의 영성을 예찬하는 글들이다. 저자는 하나님을 향한 기다림, 삶의 인내, 말씀 묵상, 기도 속에서 얻어지는 내적 변화를 강조한다.

둘째, 평생을 통해 경험한 삶의 여러 순간들에 대한 회고와 성찰 (가난·교육·군대·가정·노년)이 여러 편의 글에 녹여져 있다. 특히, 저자는 일제 강점기·6.25 전쟁·가난·이주·유학·가정사 등 한국 근현대사의 굴곡과 자신의 생애를 담담하게 기록한다. 또한 동생들에 얽힌 일화들은 안타깝고, 따뜻하고, 애틋하다.

셋째, 가족 사랑과 사랑하는 동생의 상실, 그리고 노년의 신앙적 감사에 대해 말한다. 저자는 다른 책들에 비해 여기서는 아내, 자녀, 형제, 제수, 친구들을 더욱 살갑게 회상하며 죽음·상실·부끄러움·감사 등으로 표현된 신앙을 담담하게 풀어 낸다.

넷째, 이 책은 기독교 공동체·목회·교회 운영의 문제의식과 제언을 담고 있다. 담임목사 청빙 과정, 교회 분쟁 발생과 경과, 교회 직분에 대한 이해와 오해, 교회 성장 방식 등에 대한 통속적 견해들을 비판적으로 성찰하며 참된 신앙의 길을 제시한다.

마지막으로 저자는 삶을 통한 간증, 믿음은 말이 아니라 '삶의 변화'임을 강조한다. 저자는 섬김, 사랑, 용서, 절제, 인내, 책임 등 기독교 미덕과 영성 덕목들을 예찬하며 일상생활 속의 사건들을 예로 들어 각각의 의미를 풀어 준다. 시종일관 저자는 '삶으로 증거하는 신앙'을 강조한다.

이 책의 매력과 특장(特長)

이 책은 얇은 책이지만, 결코 가볍지 않다. 일곱 가지 매력과 장점을 갖고 있다. 무엇보다도 이 책은 솔직한 1인칭 자서전적 회고와 성찰이 가득 찬 신앙 저널이다. 저자는 자신의 성공뿐 아니라 실패·부끄러움·후회까지 숨기지 않는다. 특히 막냇동생 오근재 교수의 신앙적 순전성 앞에 도전을 받았다고 고백하는 저자는 '진솔한 내면의 고백'을 기꺼이 들려준다.

또한 이 책은 신춘문예 등단 작가의 안목, 시각, 필체가 요소 요소에서 빛을 발한다. 저자는 좁은 의미의 기독교 신앙이나 교회 중심적인 신앙을 논하지 않는다. 그의 수필들도 콩트처럼 읽히고, 콩트도 수필처럼 읽힌다. 문학인의 필체와 글 구성이 글 읽기를 도와준다. 심지어 절기 기도문에도 기승전결의 스토리 라인이 포착된다. 이런 점에서 이 책은 그 자체로 뛰어난 문학이다.

셋째, 이 책은 개인 신자의 신앙 여정에 포착된 한국 사회사와 한국 교회사를 의미 있게 들려준다. 저자 오승재의 신앙 여정에는 한국 기독교가 지난 70년 동안 겪었던 변화가 유기적으로 묘사되고 있다. 자신의 청소년 시절인 1950년부터 2024년까지 일흔 해가 넘는 긴 세월 동안에 한국 교회와 한국 사회, 그리고 한국 교육 영역에서 일어난 변화가 생생하게 진술되고 있다. 이런 점에서 이 책은 역사 자료적 가치도 있다.

넷째, 이 책은 저자가 평범한 일상의 작은 사건들을 통해 '신앙적 깨달음'에 이르는 과정을 소상하게 보여준다. 저자에게는 소소한 일상의 생활 현장들이 기독교 신앙을 생각하고 성찰하는 배움과 학습의 장이다. 차 사고, 아이들의 방문, 집수리, 사위 맞이, 아내와의 대화 등 소소한 사건들은 그냥 의미 없이 흘러가는 일상이 아니라, 기독교 신앙에서 제자리를 당당히 차지하는 사건들이다. 저자에게 일상생활의 희로애락 사건들은 '하나님이 들려 주실 메시지'를 경청하고 습득하는 훈육의 현장이다.

다섯째, 이 책은 신앙의 본질(겸손·섬김·기다림·자기 성찰)에 대한 저자의 일관된 생각을 다채롭게 보여준다. 저자는 신앙은 '기다림'을 통해 다듬어진다는 사실을 간증한다. 세계적인 큐티 잡지인 「다락방」에 투고한 후 편집진의 응답을 기다리는 과정에서 자신이 하나님께 인내와 겸손을 체득했다고 간증하는 장면은 꽤 감동적이다. 저자에게 사무엘 베케트의 『고도를 기다리며』처럼, 기다림 자체가 신앙의 여정이다.

또한, 저자에게 신앙은 말이 아니라 '삶의 본'으로 증거된다. 저자는 직분·의식·행동 규범보다 '삶으로 나타나는 신앙'을 중심으로 역설한다. 그는 실천 없는 신앙·행동 없는 믿음을 경계하며 교회가 '예수쟁이'를 만들지 말고, 세상 속에서 본을 보이는 성도를 길러야 함을 역설한다. 수필과 콩트를 통해 저자는 장로·집사·권사는 직분이 아니라 '삶의 방식'임을 강조한다.

여섯째, 이 책은 노인 문학의 가능성을 보여준다. 노인은 성공과 실패의 기억을 담은 데이터 센터와 같다. 이 책은 노년기는 인생의 완성기가 될 수 있다는 점을 깨우친다. 이런 점에서 이 책은 노년 세대의 신앙관을 잘 보여주는 대표적 텍스트가 될 수 있다. 이런 점에서 이 책은 저자의 막냇동생이었던 홍익대 오근재 교수가 쓴 『퇴적공간』이라는 책을 생각나게 한다. 오승재 작가가 이 책에서 다룬 믿음, 가족, 사명, 죽음, 감사, 기다림 등은 노년기의 신앙인에게 깊이 다가 오는 주체들이다. 동생 오근재 교수의 별세 과정에 얽힌 글에서 동생에 대한 따뜻한 형제애를 들려주고, 제수 고정자 장로의 별세에 직면해 추모와 존경의 염을 피력하는 장면은 큰 울림을 준다. 자신의 묘지를 준비하는 장면에서 독자들은 아마도 숙연한 감정마저 들 것이다.

일곱째, 이 책은 단지 노년기 신앙인의 복고적 성찰만을 담고 있지 않다. 저자는 절기 기도문들을 통해 앞으로 이 세상에서 살아갈 날이 많은 청년의 기상과 청년의 탄식을 유감없이 보여준다. 이 책에 실린 절기 기도문들은 청년 세대에게도 공감을 불러일으키는 미래지향적 비전을 다채롭게 보여준다. 그런 점에서 이 책은 하나님의 영이 임한 노인들은 청년들과 교감하고 소통하는 능력을 갖게 된다는 것을 강조하는 요엘서 2:28을 예증하고 있다.

"28절, 그 후에 내가 내 영을 만민에게 부어 주리니 너희 자녀들이 장래 일을 말할 것이며 너희 늙은이는 꿈을 꾸며 너희 젊은이는 이상을 볼 것이며…"

김회권*

---

* **김회권** 1960년 경남 하동 출신. 서울대, 장로신학대학원을 거쳐 Princeton 신학교에서 박사 학위를 받음. 2001년까지 미국에서 신학 연구와 현지 한인 교회를 목회하다가 귀국. 현재는 숭실대학교 기독교학과 교수, 교목실장을 역임하였음. 저서로는 『하나님 나라 신학으로 읽는…』으로 시작된 사도행전 1·2, 사무엘 상·하, 여호수아, 사사기, 룻기, 다니엘서 등과 『김회권 목사의 청년 설교 1, 2, 3, 4』 등 그 외 다수.

머리말

내 삶을 돌아보면 변화무쌍하다. 나는 1933년 초등학교 교사였던 아버지 슬하에 장남으로 태어났다. 우리 형제는 7남 2녀였는데, 나는 그중 장남으로 태어난 것이다. 아버지는 일본 사람 밑에서 함께 일하는 게 체질에 맞지 않아 시골에 '간이학교'라고 공립학교에 부설로 인가된 학교에서 교장이자 교사로 일했다.

학교가 시골 촌구석에 있었기 때문에 학생 수를 채울 수 없어 한 방에 4학년을 다 넣고 복식 수업을 했다. 예를 들어 1학년은 종이접기, 2학년은 그림 그리기, 3학년은 글짓기, 4학년은 정규 수업. 때로는 4학년 전체가 음악을 공부할 때도 있었다. 그러나 아버지는 이 모든 수업 교안을 만들어 이 간이학교의 상부 기관인 공립학교 교장에게 매월 보고했다. 이 상급 학교의 일인 교사들은 시도 때도 없이 놀러와서 멧돼지, 노루를 사냥했다. 어머니는 그들이 잡아온 고기로 음식을 만들어 대접했고, 그들은 술판을 벌이고 가곤 했다. 나는 어려서 아버지가 가르치는 방에 들어가 학생들에게 종이접기를 가르쳐 주고 나도 글짓기를 한다고 글을 쓰곤 했다.

내가 초등학교 1학년 때 처음으로 아버지를 따라 도시 학교로 왔다. 그곳이 함평 대화국민학교였다. 1년쯤 지내자 아버지는 함평에서 가까운 학교면 월송리(鶴橋面 月松里)에 국민학교를 설립하는 일을 맡아 다시 시골로 옮겼다. 그 학교는 첫해에 1학년만 뽑고 교실이 지어지면 한 학년씩 반을 늘려 가는 월송국민학교였다. 그래서 함평 대화국민학교에서 1학년을 마친 나는 1학년밖에 없는 아버지의 학교에 다니지 못하고 계속 4km가 떨어진 함평으로 통학하지 않으면 안 되었다.

6학년 때 해방이 되었는데 그때 한글을 1학년과 함께 배우며 그해부터 미국을 본떠 학기가 바뀌어 1년 반 만에 국민학교를 졸업하고 광주사범학교에 다니게 되었다. 그런데 사범학교는 좌익계 찬탁생(신탁통치 찬성)이 많아 시내 데모에 끌려다니게 되고, 이를 말리는 학교 교사를 살해하는 일이 있어 나는 아버지가 옮겨 가신 시골 강진으로 옮기게 되었다. 아버지는 해방이 되어 고향 조상들이 모여 사는 강진으로 옮겼기 때문이다.

그때는 국민학교 교사가 부족해서 임용고시가 많았다. 나도 아버지가 국민학교 교사가 되라고 하셨지만, 군이 사양하고 광주의 중등교사 양성소라는 곳에 지원하게 되었다. 거기서 전남대학에 다니는 친구들을 사귀고 '월요 동인회'라고 월요일에 모여 작품 품평회를 하는 문학 동인회에 참석하여 문학 활동을 하였다. 국민학교 때부터 글짓기를 좋아했기 때문이었다. 그것이 계기가 되었는지 군대를 제대한 나는 1959년에 「한국일보」 신춘문예에 소설부에 당선되었다. 대학에서 국문과 강의를 들어본 적도 없던 나는 문단의 외톨이였다. 당선된 뒤, 작품 발표는 개인의 역량에 달려 있었다. 그러나 시나 수

필은 몰라도 소설은 발표할 지면을 찾기가 힘들었다. 그런데 당시는 '이달의 작품'이라고 각 신문에 평론가들이 독자를 위해 작품 평을 하는 칼럼이 있었다. 거기에 유명한 백철, 김현 선생 등이 내 작품을 언급해 주어서, 물론 월간 「현대문학」 기자였던 박재삼 시인의 도움도 많이 받았지만 「현대문학」에 작품 게재를 하게 되었다.

나는 문학계에는 너무 문외한이었던 사람으로, 나를 사랑해 준 그분들에게 제대로 감사를 전하지도 못했다. 1959년 「한국일보」에서 상금을 받자 친구들과 술판도 가지지 않고 그 상금으로 결혼반지를 사고, 나머지 비용으로 그해에 결혼식을 했다. 너무 가난해서 신혼여행도 못 가고 두 칸 하숙집을 구해 조선대학 부속 중학에서 작문 강사 노릇을 하며 살았다.

전주 기전여고에서 정식 수학 교사로 취직했지만, 그곳 예수병원에서 연년생으로 3남매를 얻은 나는 생활고에 허덕이며 작품을 손댈 여유가 없었다. 거기다 외국 유학을 꿈꾸고 있던 나는 초급대학 졸업으로는 아무것도 할 수 없어 어린 애들을 아내와 함께 시골 부모에게 보내고 대전대학(현 한남대) 3학년으로 편입해서 장학금으로 공부를 계속해야 했다. 졸업한 대전대학의 배려로 2년 후 전임강사로 취직하게 되었다. 석사 학위도 없었던 나는 뒤늦게 석·박사를 외국에서 받게 되었다. 그러지 않아도 문학에는 선머슴이었던 나는 문학을 잊은 지 오래되었다.

뒤돌아보면 감사한 것뿐이었다. 소위 과학자라고 '실존은 본질을 선행한다'라고 실존주의 철학자 사르트르를 신봉하며 '나는 행동의 주체이며, 선택의 주체이며, 책임의 주체'라고 철저히 현실주의자로 살았다. 그러던 내가 주님을 만난 뒤 인간 이성을 초월한 하나님 나라를 믿게 되고, 지금은 나처럼 주의 은혜를 누리며 주의 말씀을 따라 세상에 나가 섬기며, 나처럼 하늘나라의 백성이 되자고 권하는 사람이 되었다.

여기 『낙수집』에는 평소의 필자 생각을 밝히는 수필과 신문에 발표한 칼럼, 그리고 세속화 되고 율법주의자가 되어가는 교인의 고민을 적은 글들, 그리고 마지막으로 절기 기도문을 실었다. 많은 질타 바란다.

오승재

차례

1부
수필

2부
칼럼

3부
소설과 콩트

4부
절기 기도문

1부

수필

노인들이 맞는 어린이날

　　우리나라 국민의 누구에게나 공휴일인 어린이날은 노인들에게도 찾아온다. 그런데 노인이 된 나에겐 기쁘게 놀아주어야 할 어린이들이 없다. 손자들도 20대가 넘어서 벌써 어린이가 아니고, 또 그들이 곁에 있다 할지라도 같이 놀아줄 힘도 없다.

　　올해 어린이날에는 딸과 아들이 찾아오겠다는 연락을 받았다. 그들이 내가 놀아주어야 하는 어린이로 오는 것이 아니라 어린이날이 공휴일이기 때문에 거꾸로 어버이를 섬기러 오겠다는 것이다. 모처럼의 공휴일인데 평소 애들 대학에 보낼 일도 힘들 텐데 왜 쉬지 않고 찾아오느냐고 말했지만, 마음속으로는 기쁘다. 우리는 먼저 그들을 맞기 위해 청소부터 한다. 쭈그려 앉아 걸레질하기가 힘들어 긴 손잡이에 걸레가 붙은 청소기를 밀고 다니지만, 아무래도 눈이 어두워 구석구석 깨끗하게 청소하기는 힘들다. 무엇보다도 화장실과 다용도실을 깨끗하게 해야 하는데, 옥시클린을 뿌려 가며 청소를 해도 언제나 눈이 좋은 딸이 보기에는 흡족하지 않을 것을 잘 안다.

　다음은 무엇을 먹일 것인지 준비를 해야 한다. 애들은 밖에 나가 외식을 하자고 하겠지만, 아내는 모처럼의 기회인데 자기 손으로 음식을 만들어 먹이고 싶어 한다. 해변까지 나가면 싱싱한 생물을 살 수 있겠지만 엄두를 못 내고 시내 농수산 시장으로 가기로 한다. 그러나 수산물은 공휴일에는 공판장에 물건이 들어오지 않기 때문에 징검다리 휴일인 월요일 오후를 택하기로 한다. 그러나 어물은 만지기만 하고 사지 못한다. 아들은 살이 통통 오른 갈치를 좋아하는데 그런 것은 냉동된 것만 있고 세네갈산 원양 어선에서 잡힌 것들뿐이다. 지금은 요리를 해도 옛날처럼 제맛을 낼 수도 없으며, 첫째 맛을 모르겠다고 하면서도 아내는 아들이 평소에 좋아했던 해산물을 몇 개 고른다. 그래도 흡족하지 않은지 야생 닭을 바로 잡아서 파는 토종 닭집을 찾아가자고 한다. 삼계탕에 들어갈 재료도 사서 음식 준비를 하지만 늘 않던 일이라 요리를 시작하면 피곤해한다.

　어린이날에 중년이 넘은 아들과 딸이 찾아왔다. 딸은 오자마자 팔을 걷어붙이고 엎드려 청소부터 시작한다. 화장실과 다용도실이 도우미 아주머니가 다녀간 것처럼 반짝거린다. 나도 그것을 예견하고 깨끗하게 한다고 애썼지만, 딸의 솜씨에 손을 든다. 나는 어린이날에 애들에게 무엇을 해주었는가를 생각한다. 1970년 당시는 꽃동산도 놀이터도 없었으며, 여름방학에 겨우 버스 타고 애들을 해수욕장에 데려가는 외출이 고작이었다. 해먹일 것 챙겨 가서 덜컹거리는 버스에 시달리며 고생 또 고생 뒷바라지하고 오는 것뿐이었다.

　미국 대학에서도 미술을 하고 싶어 한 딸에게 수학을 공부해야 한다고 윽박지르기(자녀 학대 수준)도 했다. 내가 수학 조교였기 때문에 딸이 그 혜택을 받고 다녀야 수업료가 덜 들기 때문이었다. 아들에게도 고등학교와 대학 때 내가 미국에 유학 가서 떼어 놓았기 때문에 한 번도 아버지 노릇을 제대로 하지 못했다. 아들은 테니스를 하면서부터 부자가 함께 테니스 시합을 하는 것이 그렇게 부러운 적이 없었단다.

이해 어린이날에 나는 어린이들의 부양을 받는 노인이 되었다. 성경의 시편 119편에는 주의 신실하심이 내게 고통이 되었다는 말이 있다. 자기 잘못을 개의치 않으시고 꾸준히 사랑하시는 하나님 때문에 시편 기자는 자기가 괴롭다고 말하고 있다. 마찬가지로 아들, 딸이 내 과거의 잘못을 탓하지 아니하고 부모를 사랑하는 것을 보고 있자니 마음에 찔려 아리다.

5월 가정의 달을 맞아 부모는 어린이를 사랑하여 영적인 유산을 남기고, 자녀는 비록 부모가 만족스럽지 못했더라도 변함없이 부모를 공경하고 사랑하는 태도를 보이므로 그 자녀들에게 또 믿음의 유산을 남길 수 있었으면 좋겠다.

기다림

기다림은 삶의 일부다. 아니 기다림이 끝나는 순간 삶도 끝나는 것이 아닐까? 나는 세계적인 묵상집 『다락방』을 통해 기다림을 배운다.

『다락방』은 교단, 인종, 민족을 초월하여 전 세계 그리스도인들이 직접 경험하고 깨달은 신앙 고백을 담은 매일 묵상집이다. 현재 세계 33개 언어로 번역되어 100여 개 국에 150만 부가 배포되고 있다. 우리나라는 각 교회에서 엄선해 추천하는 책들이 많아, 지금은 과거에 비해 판매 부수가 많이 줄었다고 한다.

내가 『다락방』을 접한 때는 1960년 봄부터였다. 교사로 근무하던 시절, 매일 아침 교사 회의 시간에 『다락방』으로 묵상과 기도의 시간을 가진 것이 계기가 되었다. 그때부터 이 작은 책은 나의 동반자였고, 우리 집 가정 예배의 지침서이기도 했다.

『다락방』을 읽으면서 나는 세계 선교와 전도를 그렇게 좋아하는 우리나라 신자들의 이름은 왜 이 책의 저자 목록에서 찾을 수 없는지 의문이 들었다. 『다락방』편집자들의 사역 목표는 '개인의 영적 생활을 풍성하게 하고, 그리스도를 다른 사람들에게 전하고자 하는 열망을 만들어 낸다'는 것인데, 우리는 세계 100여 국에 '왜 그리스도의 증인 된 자기 삶을 전할 열정이 없을까?' 하는 생각에서다. 나의 결론은 우리 민족은 '기다리는 일'을 못하는 사람들이라는 생각이다. 국회의원에 출마하면 기독교인이라도 점쟁이를 찾아가 당선될 것인지 아닌지 빨리 알고 싶어 한다. 당선되고 안 되는 것을 주의 손에 맡기고 기도하며 기다릴 수는 없는 것일까?

『다락방』에 기고자가 없는 것도 기다리지 못하는 조급함 때문일 것이라는 생각을 한다. 예전에는『다락방』편집자에게 원고를 보내면 반년쯤 걸렸다. 그러나 요즘은 전산화가 되어 1개월 이내에 원고를 받았다는 회신이 온다.

'간증을 보내주어 고맙다. 4~6주 사이에 검토하고 연락을 줄 것이다. 3개월 동안 아무 연락이 없으면 채택되지 않은 것이다. 비록 이번에 채택이 되지 않더라도 믿음을 간증하려는 당신 같은 사람이 없다면『다락방』은 있을 수 없다는 것을 알아주었으면 한다. 다시 한 번 시도해 주길 기대한다.'

이런 서신이 온다. 이 3개월이 기다리는 시간이다. 그동안 매일 우편함을 들여다보며 실망해야 한다.

만일 거절 편지가 아니면, 다음과 같은 내용을 받게 된다.

'우리는 당신의 묵상을 채택하려고 원고를 보관 중이다. 최종 결정은 1년 또는 그 이상을 기다릴지도 모른다. 그러나 선정되면 편지와 서류를 보낼 테니 작성해서 보내주기 바란다. 이것은 당신의 묵상이

확정적으로 출판된다는 뜻이다.'

이것도 채택을 고려한다고 했으니 채택이 안 될 수도 있다는 말이다. 이것을 위해 또 1년 가까이 기다려야 한다. '빨리빨리'가 아니면 직성이 안 풀리는 한국인이 어떻게 자기 원고를 보내 놓고, 그것이 뭐라고 1년 이상을 기다리겠는가? 나는 그것이 『다락방』에 우리나라 저자가 거의 없는 이유라고 생각한다. 그러나 무엇인가를 늘 기다리며 사는 것이 인간이다. 기다리는 일이 끝나면 인생도 끝난다. 그런데 요즘은 휴대전화가 생겨서 더욱 기다리는 것을 못하게 만들고 있다.

1차 채택이 되면, 나는 다시 날마다 우편함을 들여다보고 기다림을 시작한다. 여러 번 실망하면서…. 나는 성경을 제대로 묵상하지 못하고 교회만 출석하지, 주님을 제대로 만나지 못한 것이 틀림없다고 자책한다. 친구인 한의사가 집에 놀러 와서 내 진맥을 하면서 요즘 숙면을 못 하느냐고 물으며 스트레스를 받는 일이 있느냐고 묻는다. 그러면 듣고 있던 아내는 코를 골며 잘 잔다며, 스트레스는 말도 안 된다고 대신 대답해 준다. 기다리느라 스트레스를 받는 내 속내는 모르고. 정말 인생은 고통스럽게 기다리는 과정이다.

아일랜드 태생의 사뮈엘 베케트가 쓴 『고도를 기다리며』라는 희곡이 있다. 나무 한 그루가 서 있는 시골길, 저녁. 두 방랑자가 고도를 기다리고 있다. 지루한 기다림의 시간을 죽이기 위해 온갖 행동, 말을 계속하고 있다. 한 사람이 이제 가자고 한다. 그러자 다른 한 사람이 놀라서 무슨 소리냐며 고도를 기다려야 한다고 말한다. 하루해가 다 지날 무렵, 한 사람이 나타난다. 그러나 그는 고도가 아니고 고도의 전갈을 알리는 소년이다. 소년은 고도가 오늘 밤에는 오

지 못하며 내일엔 꼭 오겠다고 했다는 전갈만 남기고 사라지면서 1
막이 끝난다. 2막도 마찬가지다. 만일 3막이 있었다 하더라도 같았
을 것이다. 고도는 오지 않았다. 그러나 그들은 기다리고 있었다. 오
직 기다리기 위해 그들은 존재하는 것처럼. 고도가 누구 인자도 모
른다. 또 언제 올지도 모른다. 기다림의 대상이 무엇인지도 모른다.

기다리는 것이 인생이다. 답답한 연출자 한 사람이 저자 베케트에
게 "고도가 누구입니까?"라고 물었다고 한다. 그때 작가는 "내가 그
것을 알았더라면 작품에 썼을 것"이라고 말했다고 한다. 작가도 모
르는 사람을 기다리는 것이다. 기다림이란 그렇게 지루하고, 무료하
고, 어쩌면 고통스러운 일이다. 이 고통을 누가 참아내겠는가?

조병화 시인의 『기다림』이라는 시집에 '과녁은 피를 토할 때까지
예리한 화살을 기다린다.'라는 시구(詩句)로 시작되는 시가 있다. 피
를 토할지라도 기다림의 열매가 와주기를 인내하고 기다리는 심정을
알 수 있을 것 같다.

2012년, 나는 A4 용지 반 장짜리 원고를 써서 『다락방』에 보내고
기다리고 또 기다렸더니 마침내 회신이 왔다. 원고료로 25달러와 함
께 저작권 양도 서류와 몇 가지 내용을 기재하여 서명해 보내라는
엽서였다. 이제 고도는 온 것일까? 아니다. 나는 또 기다려야 했다.

원고는 격월제 잡지의 3, 4월 호, 4월 16일에 실릴 것이라는 회신
이었다. 나는 다시 3월을 기다린다. 3월을 기다려서 아내와 가정 예
배를 드리면서 4월 16일을 기다린다. 짝숫날은 아내가 본문을 읽고
기도하는 날이다. 4월 16일, 아내는 성경 본문을 읽어 가면서 "이거
당신 이야기 아니야?"라고 말한다.

"그래? 저자를 확인해 보지 그래."

아내는 저자를 확인하고는 왜 미리 말하지 않았느냐고 말한다.

"기다렸지."

아내는 나란히 앉은 내 왼 다리를 철썩 때렸다. 기다림의 열매를 보는 순간이다. 아, 드디어 고도가 온 것일까? 아니다. 나는 아직도 기다려야 한다. 성경 계시록의 저자 요한은 책을 마치면서 "내가 진실로 속히 오리라."는 마지막 주님의 음성을 전하고 있다. "아멘, 주 예수여 오시옵소서."라고 요한은 화답하고 있다. 그분은 언제 오실지, 어떤 형태로 오실지 알 수 없다. 그러나 기독교인인 나는 요한처럼 아직도 주님의 구원을 기다려야 한다. 내 이웃에게 "기다리자."라고 권해야 한다.

자기를 반대하는 원수를 보면 하나님의 손에 맡기고 기다리자. 아니면 공정한 재판에 맡기고 기다리자. 재판도 믿지 못하고 힘과 권력으로 원수를 짓밟으면 이것은 폭력 집단이다. "동지여, 같이 고도를 기다리자."라고 성급한 그들에게 간절히 권하고 싶어진다.

2018년, 이번에 나는 여섯 번째 원고를 『다락방』에 제출하고 기다렸다. 원고를 제출한 때는 7월 말이었다. 그런데 두 달쯤 지난 9월 13일에 내 원고는 출판을 고려해서 보관하게 되었다는 소식이 왔다. 그때부터 내 기다림은 시작되었다. 2019년이 되어도 연락이 없었다. 고도의 전갈을 가지고 오는 소년도 없다. 기다리기를 포기하고 있는데 7월 31일 드디어 소식이 왔다. 거의 1년 만이었다. 2020년 7·8월호에 실릴 것이라는 소식이다. 이번에는 엽서 대신 PDF 파일을 4개나 보내왔다. 저작권 양도계약서, 내 약력, 그리고 원고료 30달러를 『다락방』에 기증하는 경우에는 필요가 없는 은행 정보, W8-서식 등이다.

이 얼마나 기다렸던 소식인가? 뛰어가 아내에게 바로 알리고 함께 기뻐하고 싶었던 소식이었다. 그러나 나는 알리지 않는다. 『다락방』을 읽는 그날 아내가 읽으며 놀라는 모습을 보고 싶어서다. 앞으로 1년을 더 기다려야 한다. "주 예수여 오시옵소서."라고 말하며 주님의 재림을 기다리는 요한의 심정을 다시 생각하며 주께서 재림하시는 날, 육체를 떠나 하나님 품으로 가는 '소망의 인내'를 이런 방법을 통해 하나님은 나를 훈련시키신다고 생각하며 다시 기다리기로 한다.

내 마지막 차, 19머 8908

　　'19머 8908'은 내 차의 등록번호다. 기아 로체
인데 2007년 9월에 등록했다. 차를 산 지 14년쯤 지난 며칠 전, 아
내를 태우고 미장원에 가려고 아파트 지하 주차장에서 나왔는데 지
상 쓰레기 처리장에 큰 트럭이 쓰레기를 가득 싣고 비스듬히 서 있
었다. 내가 그 옆을 지나려는데 꽝 소리가 났다. 그 차의 앞 범퍼를
긁은 것이다. 나와서 보니 그 차는 둔탁한 앞 범퍼가 약간 긁혔고,
내 차는 약해서 앞 범퍼가 많이 손상되어 있었다. 트럭 운전석에 앉
았던 젊은이가 나와 난감한 표정을 하고 같이 일하던 친구에게 핸
드폰으로 이 사실을 연락했다. 차가 긁혔다는 것이다. 나는 이 정도
로 보험 회사의 직원을 부를 생각이 없어 적당히 합의하고 보상하고
싶었으나, 호주머니에 현금이 없었다. 그래서 길가에 차를 세우고
집으로 현금을 가지러 갔다 돌아왔더니, 트럭은 떠나려고 시동을
걸고 내 차 옆을 지나고 있었다. 급히 다가가 5만 원 지폐 한 장을

내밀었다.

"뭔데요?"

"흠집을 없애려면 돈이 필요하지 않겠어요?"

한 애는 받으려 하는데, 다른 한 친구가 극구 반대했다.

"괜찮습니다. 그것보다도 어르신 차가 많이 다쳤던데요."

"내 차는 내가 잘못했으니 내가 고치면 됩니다. 그러나 …."

그러는 사이 그들은 떠났다. 보기 드문 젊은 애들이라고 고마워했는데, 아내는 늙으면 그렇게 감각이 둔해지느냐고 나에게 한마디 했다. 아내를 미장원에 데려다주고 곧바로 자동차 수리 공장으로 갔다. 비용이 얼마나 들며 시간이 어떻게 걸리겠느냐고 물었더니, 앞범퍼가 꾸겨지고 헤드램프에 상처가 났으며, 앞 휀더도 갈아야겠다고 했다. 그리고 그 비용은 100만 원 가까이 든다고 했다. 보통 일이 아니었다. 낡았다고 그대로 타고 다니자니 교회의 주차관리원이 어쩌다 이렇게 되었느냐고 계속 물으면 대답하기 난감할 것이었다. 그뿐 아니라 이 상태로 나다닐 수도 없는 일이었다. 아들들은 차가 낡았으니 이제는 전기차를 사라고 했지만, 90이 다 된 내가 얼마나 더 오래 운전하겠다고 새 차를 사겠느냐고 반대했다. 난감해하고 있었더니, 공장장은 자동차 보험에 자차 보험도 들어 있느냐고 물었다. 그렇다면 자기 부담금 20만 원만 내고 수리할 수 있다고 알려 주었다. 물론 다음 번 보험료는 인상되겠지만.

그 길밖에는 별도리가 없다고 생각했다. 그래야 아내도 차 수리에 동의해 줄 것이고, 체면 구기게 꾸겨진 차를 운전하고 다니지 않아도 될 것이기 때문이었다. 그래서 보험 회사에 신고했다. 차 접촉 사고가 났는데 상대방은 상해가 없고, 다만 내 차만 수리하게 되었다는 내용이었다. 아내를 미용실에서 픽업한 뒤, 나는 차 수리 공장으로 갔다. 주인은 차 사고 접수 번호를 적더니 이 차가 오래되어 차량 가액(價額)이 수리비에 못 미칠 때는 보험 회사는 차량 가액 한도 내 보상이기 때문에 그 이상은 본인이 부담해야 한다는 것이다. 가령 내 차가 14년이 된 노후 차량이어서 차 수리 견적이 50만 원밖에 되지 않으면 그 액수를 초과하는 수리비는 다 내야 한다는 것이었다. 그러나 차량 가액이 높으면 손해액의 20% 부담이라는 것이었다.

나는 4년 전 차를 대대적으로 고친 일이 있다. "끼익, 끼익"하고 마찰음이 나서 자동차 정비소에 갔더니 후방 브레이크 패드가 다 마손(磨損)되었다는 것이다. 양쪽을 꽤 큰돈을 들여 교환하였다. 한 달도 못 되어 또 이상한 소음 때문에 다시 다른 자동차 정비소에 갔더니 전방 브레이크 패드뿐 아니라 주행 거리가 10만km가 넘어서 타이밍 체인도 갈아야 하며, 오일펌프, 카버 어셈블리도 갈아야 하며, 이 기회에 모든 팬벨트도 갈아야 하고, 파워 스티어링 오일도 갈아야 한다는 것이었다.

그때 이 차는 보험 회사 감정가격이 400만 원 좀 넘었는데, 수리에 100여만 원을 들여 엔진을 다 들어내고 6시간이 더 걸린다는 큰 수리를 해야 하나 말아야 하나 망설였다. 그런데 정비소에서는 사람이 중고 인생이 되면 내장이 나빠질 때 잘 달래서 사는 데까지 살다 죽지만, 중고차는 겉이 낡아도 내부만 새 기계로 고치면 새 차가 된다는 것이었다. 20만 아니라 45만km까지 문제없이 잘 굴리고 있는 차가 있다고 했다. 듣고 보니 이 차를 수리하면 나보다 더 오래 살 것인데, 굳이 새 차를 살 이유가 없다는 생각이 들어 수리를 맡기고 집에 왔다. 와서 기다리고 있었는데 조수석 웨이스트 라인 몰딩 어셈블리가 다 닳았는데 어떻게 하겠느냐고, 당장 문제 되는 것은 아니지만 결정해 달라는 것이다. 무엇인지 모르지만, 새것으로 다 바꾸라고 일렀다. 이제 나와 함께 여생을 같이 할 차라는 생각에 모두 고치는 게 낫겠다 싶어 결정한 일이었다.

그런데 또 4년 만에 큰돈이 들어가는 일이 생겼다. 사실 나는 이 차가 내 분신 같아서 누군가 이 차를 폐차장으로 끌고 간다면 그냥 처다볼 수가 없을 것만 같았다. 이 차는 내 삶의 역사를 공유하고 있다. 내가 지금보다는 젊어서 '베드로 선교회' 회장(나이가 제일 많은 남성도 모임)을 하고 있을 때는 1년에 한 번쯤은 교회 버스를 빌려 '한나 여전도회'(나이가 제일 많은 여성도 모임)와 함께 전국 관광지를 잘 안내하고 다녔었다. 그런데 은퇴하면서 그 일은 그만두고 나는 아내와 단둘이서 생각나면 어디고 이 차로 여행을 했다.

한번은 TV에서 '보령 은행마을'을 소개했는데 가보고 싶었다. 그래서 내비게이션에 '은행마을'을 치고 찾아간 일이 있다. 아내가 그 길은 아닌 것 같다고 몇 번 말했지만, 나를 믿으라고 우겨서 1시간 이상 달려 도착한 곳은 충남 예산군에 있는 '은행마을 아파트'였다. 은행나무는 한 그루도 없는 마을이었다. 할 수 없이 고개 숙이고 오는 길에 예산군에 있는 수덕사를 덤으로 보고 온 일이 있다. 우리는 호기심이 많은 부부라고 스스로 생각한다. 또 한번은 경남 합천군에 있는 이팝나무는 수령이 1,120년, 수고가 15m, 둘레가 2.8m라는 광고를 보았는데 안 가볼 수가 없었다. 160km, 2시간이 걸리는 데까지 가서 보고 왔다. 경상남도 천연기념물 134호로 지정되어 있는 나무였다. 가까이에 철쭉으로 유명한 황매산이 있는데, 산 정상까지 승용차가 올라갈 수 있다고 해서 둘러보고 왔다. 이런 역사는 다 내 차만 안다.

봄철에 선교 회원들과 잘 갔던 구례 화엄사의 벚꽃을 또 보고 싶어 아내와 둘이서 구례 벚꽃축제, 진해 군항제 벚꽃을 들러 경주에 가서 2박을 하고 경주 벚꽃을 둘러보고 돌아온 일도 있다. 경주까지 하루에 5시간 반도 더 걸리는 주행이었고, 다시 귀가하는데 2시간 반 이상을 소비했다.

아내는 꽃무릇 꽃 보기를 좋아한다. 내가 회장으로 있을 때는 고창 선운사를 여러 번 갔었다. 그래서 이번에는 더 많은 꽃무릇 꽃을 보자며 함평 용천사, 영광 불갑사, 고창 선운사를 둘러보고 온 일이 있다. 이것이 장거리를 여행한 가장 최근, 2015년의 일이다. 용천사, 불갑사와 길옆에 피어 있는 꽃무릇 꽃을 보며 선운사까지 아마 5시간은 걸렸을 것이다. 선운사 인근 식당에서 풍천민물장어를 먹었다고 그것이 충분한 보양식이 되었는지는 잘 모르겠다. 그러나 꽃무릇 꽃은 실컷 보고 다시 1시간 반을 달려 귀가했다.

어디 이 차가 우리와 공유한 역사가 그것뿐이랴. 아내가 대퇴골 골절로 충남대 병원에 입원한 2017년 1월 이후부터 아내는 내 차 아니고는 어떤 차도 불편해서 타지 못했다. '19머 8908'은 말을 하지 않을 뿐 우리가 교회를 은퇴하고 대전에서 계룡시로 옮긴 후로 우리와 떨어져 보지 못한 분신이다. 어찌 내가 그를 사랑하지 않을 수 있겠는가. 어찌 네가 그 차를 너덜너덜한 모습으로 우리를 태우고 다니게 할 수 있겠는가. 어찌 내가 내장을 다 바꾼 그를 나보다 먼저 폐차장으로 보낼 수 있겠는가.

그런데 얼마 전, 집 안에만 갇혀 있는 아내의 음식 준비를 위해 매점에 나와 음식을 사고 돌아가는데 차에 경고등이 떴다. 엔진에 문제가 있다는 것이다. 늘 다니던 시내 기아 정비공장에 갔더니 사장이 몇 번을 조사해 본 뒤, 자기네 정비공장에서는 수리할 수 없으니 더 나은 정비공장을 찾아가 보라고 했다. 수리비는 내 차 감정가를 초과하는 금액이었다.

국내외에 흩어져 있는 자녀들에게 알렸더니, 자동 운전을 하는 새 차로 바꾸라는 말이 돌아왔다. 고령자는 운전 면허증을 반납하라는 이때 92세가 된 내게 있을 수 없는 일이었다. 그러나 거동이 불편한 아내를 두고 차 없이 살기는 어려울 때가 되었다. 걱정하고 있었더니 현대차 쏘나타 중고차를 애들이 서둘러 사주었다. 차 안에 장착된 내비게이션, 후방 카메라, 하이패스 단말기, 블랙박스 등 20년 동안 써 보지 못한 새 기기에 익숙해지느라 나는 진땀을 빼고 있다.

나는 새 중고차보다 20년 가까이 나와 함께 지내온 옛 차량을 더 잊지 못한다.

오 사랑하는 내 차 '19머 8908'이여!

지상에서의 마지막 주택

'주택청약종합저축'이라는 게 있다. 내 집 마련을 위한 가장 손쉬운 방법은 '분양'인데, '분양'을 받으려면 이 저축에 가입한 사람이 당연, 유리하다. 나는 2009년 1월 계룡에 있는 대림 산업의 e편한세상 아파트에 입주해서 살고 있다. 그런데 애들이 부모님께 용돈을 주고 싶다고 해서 2015년부터는 그 받은 돈으로 '주택청약종합저축'에 가입했다. 그런데 2021년 초, 계룡에 '자이 아파트'를 분양한다는 소식이 들렸다. 그때는 그 근처에 대형 할인점 IKEA 매장이 들어온다며 아파트에 입주자가 몰릴 때였다. 마을 미장원에서는 그 아파트에 입주하게 되면 돈벌이가 될 것이라는 이야기였다. 아내도 지금 아파트보다는 새 아파트로 옮겨 사는 것이 어떻겠냐고 했다.

나는 정든 집을 옮기는 걸 싫어하는 편이다. 1987년 내가 교회 옆의 개인 주택에서 시내의 삼성아파트로 첫 번째 옮긴 것도 아내의 성화 때문이었다. 그러나 개인 주택보다는 그때 처음 생기기 시작한 아파트가 훨씬 더 편하고 좋았다. 그러나 그곳에서 20여 년 살다 보니 낡은 아파트가 되어 보수할 것도 많고 해서 아예 새 아파트로 옮기는 것도 좋겠다는 생각이 들었었다. 그때는 직장도 은퇴한 터여서 2009년에 큰마음으로 두 번째 옮긴 곳이 이곳 계룡의 e편한세상 아파트다. 당시 자이 아파트가 분양을 시작할 때 우린 12년째 살고 있었는데, 그곳은 공기도 좋고 필요한 편의시설이 다 있다고 선전하고 있는 곳이었다. 그런데 응모한 '자이 아파트'는 당첨이 되지 않았다. 주택청약종합저축에도 가입하고 계룡시에 사는 1가구 가족이어서 당첨될 확률이 높다고 했는데 되지 않았다. 아내는 퍽 서운해했지만, 지금은 오히려 감사하고 있다. 들어오겠다는 IKEA도 들어오지 않았고, 주변에 고층 건물이 너무 밀집해 들어서서 이제 그곳은 역세권인 이곳보다 훨씬 불편한 곳이 되었기 때문이다.

이제는 나이도 90이 넘었고 해서, 옮긴다면 지상에서 천국으로 옮기는 수밖에 없다고 생각하고 있다. 그런데 주거지를 천국으로 옮긴다고 하더라도 지상에도 당분간 묻혀 있을 묘지가 있어야 한다. 이것은 자녀들과 부모가 합의해서 정해야 할 징검다리 거주지다.

나는 자녀가 삼남 일녀인데 세 아들은 다 미국에 있고, 큰딸만 한국에 있다. 큰딸이 다니는 온누리교회에서 교회 묘지를 사고 교인들에게 그곳 묘지를 분양한 모양이었다. 큰딸은 부모 생각이 나서 묘지 한 구를 오래전에 예약했었다. 이번에 여행이 코로나 19로 묶여 있다가 딸과 하룻밤을 지낼 기회가 있어 그 '온누리 동산'이라는 곳을 가보았다. 원주시 문막 근처에 있는 충효공원 안에 있는데, 교통이 너무 분비고 또 장지가 가파른 언덕에 있어서 이곳이 우리가 천국 가는 징검다리 거처가 된다는 것은, 남아 있는 자녀들에게 불편할 것 같아 결국 예약을 파기했다.

옛날에는 묘소를 갖겠다는 생각이 당연한 상식이었다. 그뿐 아니라 집에 관과 수의를 준비해 두고 나이가 들면 늘 꺼내어 만져 보기도 하고, 묻힐 땅이 과연 명당자리일까 하고 가서 주변을 둘러보며 다가오는 죽음을 사랑하는 법을 익히곤 했다. 그러나 지금은 인구의 증가와 고령화로 한가하게 묘지 면적을 넓게 잡을 수가 없다. 또한, 핵가족 시대와 출산율 저조로 인해 앞으로 묘소를 찾아올 자녀들도 별로 없는 실정이다.

장례문화는 급격히 변해서 매장보다는 화장이 대세이며, 화장 후에는 봉안 시설보다 잔디장, 화초장, 수목장 등 작은 규모의 자연장을 권장하며 선호하는 편이다. 내 친구는 병원에 시신을 실험용으로 기증하고 병원이 장례도 대신하기로 했다고 한다. 또 시에서 운영하는 장지 공원도 있는데, 거기에는 화장터를 만들어 소음을 지하로 돌려 줄였다고 한다.봉안 시설로 납골당도 있는데, 자연장은 한 자 평방 정도의 대리석에 이름만 새겨 넣고 15년 동안 관리하게 하고, 한 번 연장하여 최대 30년간 보유했다가 유골은 흙과 함께 묻혀 묘지의 유효 기간이 30년밖에 안 되는 곳도 있다.

하나님은 흙으로 사람을 지으시고 생기를 그 코에 불어 넣어 사람이 생령이 되어 이 세상에 살게 하셨다. 그러니 죽으면 육체는 썩어 흙으로 돌아가는 것이 자연스러운 것이 아닐까?

거창한 묘소를 만들어도 돌아볼 자손이 없으면 뭘 하겠는가? 요즘은 장례문화도 많이 바뀌어서 문상객도 많지 않다고 한다. 일에 쫓기고 바빠서 찾는 사람이 없고, 대부분은 조의금으로 대신한다고 한다. 어떤 사람은 장례식장에 급히 갔는데 현금은 없고 카드밖에 없어 난감했는데, 두리번거렸더니 '무인 조의금 납부기'가 있었다고 한다. 카드로 입금할 뿐 아니라 할부로도 낼 수 있다고 한다. 시대가 이렇게 변해 가고 있다.

요즘은 장지를 돌아볼 젊은 사람도 없으므로 묘소를 꾸며 놓을 게 아니라 부모의 유골을 진공 밀폐 용기에 보관하여 살아 있는 동안 자기 집에 모시기로 한 사람도 있다고 한다. 또 요즘은 돈이 되면 무엇이든 하는 회사가 있어 "사랑하는 사람을 화장한 유골로 메모리얼 다이아몬드를 만들어 드립니다."라고 광고하는 회사도 있다. '로니테(LONITE)'라는 회사인데, 비싸기는 하지만 고인의 유골로 아름다운 보석을 만들어 준다고 한다. 영원히 두고 기념할 수도 있고 목걸이를 만들어 걸고 다닐 수도 있다.

하지만 잘 죽고 싶은 사람(Well Dying)은 아무리 사랑하는 유족이라도 이렇게 끈질긴 인연을 가지고 죽어서도 영원히 지상에 함께 있고 싶은 생각은 하지 않을 것 같다. 이 세상의 인연은 말끔히 잊어버려야 천국에서 육신의 삶과 인연을 끊고 평안히 영면할 수 있기 때문이다.

내 딸은 '온누리 동산'은 너무 멀다고 자기가 사는 용인에서 30분 거리에 있는 '용인공원'에 묘지를 하나 또 예약해 놓았다. 급격히 변해 가는 현대인은 아닌 것 같다. 아내는 빨리 그곳 장지를 가 보자고 한다. 천국에 가면서 지상에 남겨 놓을 마지막 거처를 보고 싶어질 것 같은 모양이다. 그래서 교통은 편리한지, 경치는 좋은지 보고 싶은 모양이다. 찾아올 후손이 몇이나 될지 모르는 일이지만, 또 찾아온다 한들 우리는 벌써 유한한 세상과 인연을 끊은 그들을 잊고

있을 것이다. 그들을 못 잊고 떠나 있으면 그것 자체가 괴로움이고
천국이 아닐 것이기 때문이다.

평생을 함께한 『다락방』

1960년 봄, 나는 기전여자중·고등학교에 교사로 부임해서 처음으로 『다락방』이라는 말씀 묵상집이 있다는 사실을 알게 되었다. 매일 첫 시간이 시작되기 전, 직원 회의 때 이 책을 읽고 돌아가면서 기도를 했다. 당시는 기독교인 교사를 구하기가 쉽지 않은 때여서 미션 학교에 제대로 세례를 받지 못한 교사도 있었다. 그런 사람에게 자기 기도 차례가 닥친다는 것은 두려운 일이었다. 그럴 땐 옆의 동료에게 기도문을 하나 써 달라고 부탁하는 일도 있었다. 한 교사는 기도문을 받아서 읽었는데 기도가 끝났는데도 아무도 "아멘" 하고 응답하지 않았다. 어쩔 수 없이 "기도 끝."이라고 말해서 모두 낄낄거리고 웃은 일도 있다. 기도문을 작성해 준 사람이 맨 마지막에 "예수님의 이름으로 기도합니다."라는 말을 써 주어야 하는데 그것은 너무 당연해서 써 주지 않았던 것이다.

『다락방』은 이렇게 간접적으로 예수를 영접한 각 신도에게 대중 기도의 훈련을 시켰고, 『다락방』에 나오는 묵상들은 예수를 처음으로 알게 된 초 신자들에게 말씀을 새롭게 보는 영의 눈을 뜨게 하는 멘토 노릇을 하고 있었다.

이 책자는 각 군부대, 병원, 교도소, 연구소, 교육기관 등에 보내지는 선교지로 40여 개 국어로 번역된 세계적인 묵상집이다. 따라서 각 나라 사람들의 여러 형태의 사소한 간증 같은 것도 실려 있어 평신도도 이처럼 이웃에게 주님을 소개할 수 있다는 전도의 담대한 확신도 갖게 했다. 나는 이 책자로 꾸준히 은혜를 받는다.

1994년부터 2012년까지 나는 6차례 정도 이 『다락방』의 필자가 된 일도 있다. 내가 옳게 말씀 묵상을 하고 있는지 검증 받고 싶어서 보낸 원고였다. 그 뒤로 『다락방』은 내 사랑하는 애인처럼 더 친근해졌다. 그러나 내가 『다락방』을 사랑하게 된 진짜 이유는 여기에 있지 않다. 우리 부부는 애들이 다 집을 떠난 뒤 둘이서 이 책자를 통해 아침 예배를 드리면서 유익한 점을 한둘 찾아낸 게 아니다.

우리는 매일 홀숫날은 내가, 짝숫날은 아내가 『다락방』을 통해 기도하는데, 아내의 기도를 들으면서 내가 아내를 더 많이 알게 된 것이다. 부부는 비밀이 없다지만 서로 말하지 못한 부분이 있게 마련이다. 그러나 하나님께 기도하는 그 음성을 들으면서 나는 내가 평소 깨닫지 못한 아내의 놀라운 신앙의 깊이와 자녀들이나 이웃을 향한 사랑의 감정을 들을 수 있어 아내와 더 가까워짐을 느끼게 되었다.

또 살다 보면 무의식적으로 아내에게 상처를 주어서 사이가 서먹해져 사과하고 용서받고 싶을 때가 있다. 그러나 막상 마주 대하면 사과의 말이 나오지 않는다. 이럴 때 가정예배 시간에 하나님께 내 잘못을 회개하고 내 마음을 열어 고백하면 하나님으로부터 용서받는 기쁨이 있다. 그땐 내 마음이 홀가분 해지는데, 아내도 말없이 나를 받아주는 것 같아 두 사람이 더 행복해지기 때문이다.

요즘은 그보다 더한 기쁨이 있다. 나는 나이가 들자 기도하다가 애들의 이름, 이웃 병자의 이름을 잊어버리고 머뭇거릴 때가 있다. 그러면 기도를 듣고만 있던 아내가 서슴없이 소리를 내어 그 이름을 가르쳐 주는 것이다. 그럴 때 나는 같은 마음을 가지고 합심해서 기도하고 있었다는 생각이 들어 기도를 가르쳐 주는 것이 부끄럽지 않고 오히려 기쁘다. 또 두 사람이 주님의 이름으로 기도하고 있을 때 주께서 우리와 함께 계시는 것을 느끼는 것이다. 나는 그럴 때 이 땅에서 주님이 우리와 같이 계시는 천국을 체험하는 기쁨이 솟는 것을 느낀다.

지난 2018년 9월 7일에는 서울 종로구에 있는 기독교 대한감리회의 종교(宗橋)교회에서 『다락방』 한국어판이 발행되어 배포된 지 80년을 맞아 '한국 『다락방』 80주년 기념 감사예배'를 드리게 되었다. 나는 내가 사랑하는 『다락방』을 위한 기념 감사예배를 드린다는 말을 듣고 오후 4시 반 예배에 참석하러 대전에서 발품을 팔았다. 그곳에는 아시아 여러 나라의 『다락방』 사역자들과 미국 『다락방』 본부 관계자들이 자기 나라 복장을 하고 참석하고 있었다. 놀라운 점은 『다락방』을 사랑하는 신도들과 장기 구독자들이 한국에 많다는 것이다. 이 책을 발행하고 있는 대한기독교서회와 한국기독교신도연맹에서 많은 임원이 와 있었고, 병으로 출석하지 못한 정기 구독자가 대신 사람을 보내고, 『다락방』을 계속 필사하고 있었던 분도 있다는 것을 알게 되었고, 20년 이상 정기 구독한 분들도 많이 참석한 것을 알고 흐뭇했다. 특히 미국『다락방』본부의 상무로 있는 피터 (Mr. Peter Velander)는 내가 수년 전『다락방』묵상 원고를 보냈을 때 『다락방』편집자(Managing editor)로 있던 메리(Mary Lou Redding) 여사를 잘 알고 있는 분이어서 더욱 반가웠다. 그녀는 벌써 은퇴했다니 세월은 무상했다.

2020년에는 '진정한 후원'이라는 제목으로 '다 배불리 먹고 남은 조각을 열두 바구니에 차게 거두었으며(마 14:20)'라는 제목으로 내 말씀 묵상이 실렸었다. 거기서 나는 20년 넘게 소액 후원하고 있는 선교사가 캄보디아에서 어려움을 겪고 있는 것을 알고 예수님의 제자가 5,000명이 넘는 군중을 보고 그들을 돌려보내는 것이 낫겠다고 말했을 때, 예수님은 돌려보내지 말고 "너희가 먹을 것을 주라"고 말씀했던 내용을 썼다. 그리고 내가 통장에 있던 비상용 돈을 보냈다는 이야기를 나누었는데, 어떤 미국 자매가 500.달러 수표를 보내온 일이 있었다. 그때 나나 선교사는 이런 것이 주님의 음성을 듣고 사는 천국 백성들의 모임이 아니겠느냐는 생각을 하며 감동하였다.

성경은 수없이 많은 번역본을 가지고 있는데 지구상에 흩어진 많은 사람이 이처럼『다락방』을 통한 말씀 묵상으로 변화된 삶을 사는 사람이 늘어난다면『다락방』이야말로 육으로는 살아 있으나, 영으로는 죽어 있는 인간을 살리는 귀한 일을 하고 있다는 생각을 한다.

나는 다락방과 동행한 삶을 감사한다.

둘이서 살면 외로운가

       우리 교회는 그달에 다섯째 주가 있으면 '가정 주간'으로 정해 오후 예배가 없다. 주중 내내 바쁘게 일한 직장인들이 주일에는 더 바쁘므로 가족끼리 모여 안식일을 쉬면서 지내라는 뜻이다. 그날은 교회에서 점심도 주지 않으니 가족끼리 즐거운 식사를 하라는 뜻이기도 하다. 그러나 시간이 없다고 불평하던 교인들도 쉬라고 막상 자리를 깔아 놓으면 무엇을 할 줄 몰라 오히려 허전해 한다.

    우리 부부는 집에 가는 길에 맥도날드에 들러 빅맥과 커피, 콘 아이스크림을 사서 집에 와서 먹는다. 매점에서 먹고 가자고 해도 아내는 식당에서 노인들이 입을 크게 벌리며 빅맥을 먹고 있는 모습을 보이는 것은 꼴사납다고 드라이브 스루(Drive-through)로 테이크아웃 런치를 고집한다. 누군가 우리가 둘이서만 사는 노부부인 걸 알면 불쌍한 표정을 보일지도 모른다. 그러나 우리는 이런 순간이 행복하다.

우리는 패키지(package)여행도 즐기지 않고 둘이서 여행할 때가 훨씬 많았다. 미국에서 마지막 학위 과정을 하고 있을 때는 175mile이 넘는 시골길을 주일마다 아침 일찍부터 밤늦게까지 우리 부부는 초등학생인 막내아들을 승용차에 태우고 한국 교회를 다녔다. 3시간이 걸리는 길이었기 때문에 아침 7시에 밥을 먹지 않고 던킨도너츠 가게에 들러 도넛과 커피를 사 들고 먹으며 교회에 출석하면 밤늦게야 귀가했었다. 그때는 내가 시골의 미국 침례교 대학(Howard Payne University)에서 학생을 가르치고 있었기 때문이다. 댈러스의 한인 장로교회에서는 내가 너무 멀어 시무하기가 힘들다고 했는데도 매주 빠지지 않고 다른 사람보다 더 빨리 교회에 나온다고 나를 장로장립(長老將立)까지 시켜 주었다.

밤늦게 올 때는 내가 졸리기 때문에 아내는 CCC의 주제별 성경 암송 카드로 나에게 성경 암송 테스트를 하거나 내가 힘 들어 하면 자기가 찬송을 부르거나 나를 꼬집어서 잠을 쫓아주곤 했었는데, 지금은 아내가 혼자서는 좀처럼 찬송을 부르지 않는다. 그러나 나는 지금도 아내를 태우고 운전하고 있으면 옛날 그때가 연상되어 행복하다.

미국에서도 뉴햄프셔의 아름다운 단풍 길도, 버지니아의 웨인즈보로(Waynesboro, VA)에서 테네시의 스모키마운틴(Great Smoky Mountains, TN)까지 460mile의 산 정상을 공원화한 블루리지 파크웨이도 둘이서 다녔다. 가는 길에 블랙마운틴의 한국 선교 사촌도 들렀고, 한미성(노스캐롤라이나 거주, 전 한남대 교수) 선교사도 만났다. 이런 일들은 다 행복한 순간들이었다.

캐나다를 여행할 때는 차가 갓길에 부딪혀 섰는데, 길 가던 행인이 토요일이라 전부 문을 닫은 정비소를 찾아다니며 나를 도와주었고, 교회를 오가는 길에 차가 서면 꼭 누군가가 와서 도와주었다. 결국, 우리는 하나님과 동행하고 있었다. 그래서 하나님과 함께하는, 남이 모르는 기쁨이 있었다. 언젠가는 내가 교회의 꽃 당번일 때가 있었다. 강대상의 꽃을 책임진 집사에게 집에서 꽃을 가져가겠다고 말하고 전날 저녁부터 정원에 탐스럽게 핀 붓꽃을 꺾어 물에 담갔다가 다음날은 막내에게 물통과 함께 꽃을 잘 붙들게 해서 교회에 가지고 갔다.

그런데 교회에 가 보니 꽃집에서 주문한 꽃이 벌써 강대상에 꽃 장식하는 장소에 장식이 되어 있었다. 집이 멀어서 우리의 출석을 믿지 못하고 그랬으리라 생각하고 목사님 방에 꽃을 꽂아 두었다. 그리고는 교인들과 만나 이야기를 하다가 예배당에 들어왔는데, 막상 예배를 드릴 때는 그 꽃이 목사님이 설교하는 강대상 양쪽에 놓여 있어 너무 놀란 일이 있다. 아들과 아내가 너무 상심하지 않게 해 달라고 자리에 앉아 묵도를 하고 고개를 들었더니, 그 꽃이 평소에 올라가 있을 수 없는 설교단 위에 올라와 있었던 것이다. 그때도 하나님께서 우리에게 "상심하지 마라."고 말씀하신 것을 들려주었던 남모를 기쁨이 있었는데, 이는 아무도 알지 못할 것이다.

나는 미국 찬송가 작가 마일즈(Charles Austin Miles)가 작곡·작사한 찬송 '정원에서; 저 장미꽃 위에 이슬)'의 가사를 생각한다. 그는 펜실베이니아 주 출신으로 약학을 전공하였으나 그만두고 찬송가 작가가 된 사람이다. 평생 398곡이나 찬송가를 썼다는데, 우리 찬송가집에는 단 한 곡이 있을 뿐이다. 그는 "나는 찬송가 작가로 알려

진 것이 자랑스럽다. 비록 내가 바라던 것만큼 효과적이지는 않았지만, 내가 자원해서 기뻐 섬기는 주님에게 이것이 내가 가장 쓰임 받는 길이라고 생각하기 때문이다."라고 말하고 있다. 그가 정원에서 주님과 기쁨을 나누었던 것은 우리 두 사람이 살면서 하나님과 함께 남몰래 느끼는 기쁨이기도 하다.

나는 홀로 정원에 온다.
아직 장미꽃 위에 이슬이 맺혀 있다.
귀에 은은히 나는 주님의 음성을 듣는다.
하나님의 아들이 말씀하신다.

그분은 나와 함께 걸으시며 나에게 말씀하신다.
나는 그분의 것이라고.
우리가 함께 머무는 동안 우리는 기쁨을 나눈다.
우리가 서로 나눈 이 기쁨은 알 사람이 없네.

우리는 둘이서 살지만, 하나님과 함께 살며 남이 모르는 기쁨을 나누고 산다.

내 제수, 고정자 장로를 보내며

나는 내 둘째 동생 형재의 아내인 고정자 장로를 잘 모른다. 그녀는 너무 조용한 성품이어서 별로 말이 없기 때문이다. 아주 기쁜 일이 있을 때도 그저 미소를 지을 뿐이며, 슬플 때도 그 슬픔을 마음에 숨기고 참아서 알아내기가 힘든 성품이었다. 그런데 세상을 떠나기 얼마 전에는 혈액암을 앓고 있었는데 상태가 조금 나아졌을 때, 대전의 내 아내를 만나보고 싶다는 말을 했다고 해서 우리는 너무 놀라고 기뻤다. 그때 아내는 거동이 불편해서 외부 출입을 못하고 있을 때였다.

그런데 서울의 동서들이나 시누이들은 각자 자기들의 일이 있어 함께 올 수 있는 날을 차일피일 미루다 오지 못하고 있는 사이, 고 장로는 세상을 뜨게 되었다. 식욕이 없어 음식을 잘 들지 못한다 해서 동치미, 나라스케(울외 장아찌), 굴비 등 혹 도움이 될까 해서 보냈는데 난청이 심해선지 전화도 제대로 하지 못했다. 그러던 중 한파가

심하게 몰아붙인 재림절 넷째 주간에 코로나에 감염까지 되었는데, 하루는 복통이 너무 심해 병원에 입원할 수밖에 없었다고 한다. 엎친 데 덮친다고 병원에서는 장 파열까지 생겨 수술해야 한다고 수술 동의서를 받아갔는데, 수술 후 깨어나지 못하고 세상을 뜬 것이다. 가족은 코로나-19 때문에 병실에 들어가 보지도 못하고 수술 전 잠깐 화상 통화만 했을 뿐, 간호사의 전언만 듣고 밖에서 기다리고 있는 가족을 남겨 두고 이렇게 세상을 떴으니 얼마나 가슴 아픈 일인가. 고인도 다른 사람 같았으면 아프고 괴롭다고 외부에 충분히 외쳤으리라고 생각한다. 그런데 고인은 평소처럼 희로애락을 가슴에 묻고 하나님께 맡기고 있었으리라는 생각을 하니 더욱 안타깝다.

내 동생인 그녀의 남편, 형재는 육군사관학교 16기생이다. 그가 1956년 육사를 들어갈 무렵에도 분명 연좌제가 있었다. 그런데 그의 형 영재가 계관 시인으로 이북에 살아 있다는 것이 일찍 알려졌었다면, 그가 어떻게 육사에 들어갈 수 있었을까 싶다. 그때 육사는 특차로 일반 대학과 다르게 전국에서 신입생을 미리 선발하였다. 그는 수석으로 합격했고, 학교가 시작될 때까지 스스로 몸이 허약하다고 생각해서 매일 4km를 팬티만 입고 뛰었다. 그는 반드시 나라를 지키는 훌륭한 장군이 될 것이라고 말했었다. 그래서 장군이 되면 휘호를 받으러 오는 사람에게 글씨를 써 주어야 한다고 붓글씨 연습도 열심히 했던 육사 지망생이었다.

그가 육사 3학년이었을 때 18기 후배가 들어왔는데 그들이 호된 훈련을 받다가 2명의 사관생도가 일사병으로 쓰러져 끝내 숨지고 말았다. 그중 하나가 내 제수 고정자의 오빠였다. 이때 쓰러진 사관생도의 영결식 때 조사를 읽게 된 생도가 내 동생이었는데, 그것이 계기가 되어 고정자의 집을 오가게 되고 그녀와 결혼까지 하게 되었다.

내 동생 오형재는 육사를 졸업한 후 전방의 포병대대에 근무하다가 육사 교수 요원으로 뽑혀 장학금으로 1962년부터 2년간 미국 콜로라도대학(U. of Colorado)에서 수학으로 석사 학위를 마치고 귀국했는데, 그동안 부인과는 열렬한 사랑의 서신을 141통이나 주고받았다고 한다. 이렇게 해서 그동안 숙명여대에서 이대 사범대에 진학하여 졸업반이 된 고정자는 귀국 후 육사 교관이 된 동생과 1964년 11월 21일 결혼하였다. 양가에서 아무도 반대할 수 없는 결혼이었다.

고인이 된 내 제수 고정자 장로는 결혼 후 마냥 행복하지만은 않았다. 결혼 2년 뒤 1966년 12월 동생은 서울, 청진동 소재 방첩대의 방첩과장으로 있던 노태우(육사 11기) 소령으로부터 출두 명령을 받았다. 방첩대에 들어가자 노 소령은 그가 육사에 입학원서를 낼 때 제출했던 신원조회서를 내놓으며 신원 조회에 가족관계 란을 지적했다. "거기 뭔가 빠뜨린 것 없어? 형 오영재의 이름이 없잖아?" 동생은 기절할 뻔했다. 그때 우리 가족은 동생 오영재의 실종신고를 해서 그는 호적에서 빠져 있는 때였다.

동생은 새파랗게 질려 죄를 고백했다. "그보다 더 놀라운 일이 있어. 네 형이 이북에 시인으로 살고 있다는 거야." 이 말을 들은 동생은 너무 놀라 흐느껴 울기 시작했다. 그러자 노 소령은 소리 내어 울라고 했다고 한다. 노 소령은 신원조회 건을 더는 문제 삼지 않는 것 같았다. 그러면서 가서 기다리라고 했다.

귀대한 뒤, 동생은 윤필용(육사 8기) 방첩대장이 지프를 보내어 불러 갔다. 너무 무섭고 높은 사람이기에 떨릴 줄만 알았더니 오히려 편안했다고 동생은 말했다. 커피를 앞에 두고 알고 있는 것을 다 말했다. 대장은 "형이 간첩으로 내려오면 동생을 만나 군 기밀 등을 알아가려고 할 터이니 군에 남아 있으려면 방첩대에 와서 근무하든지 아니면 군복을 벗으라"고 말했다고 한다. 그는 제대도 거부하고 군에 남아 방첩대에 근무하는 것도 거절했다. 만일 접선이 되는 경우는 반드시 신고하되 본인의 근무 상태를 연 4회 거주지 경찰서의 치안국에 보고하겠다는 조건이었다. 결국, 동생은 소령에서 진급이 멈춘 후 계급 정년 8년으로 1973년 전역하였다. 내 제수 고정자 장로는 우리 가정의 불운을 그대로 안고 불만 없이 지내고 있었다.

정년 제대 후, 동생은 하나님께서 공부하라고 기회를 준 것으로 알고 1973년부터 1975년까지 한국과학원(KAIST) 제1기생으로 입학하여 국가 장학금으로 산업공학과 석사 과정을 마쳤다. KAIST에 재학하고 있는 동안, 장인은 효제초등학교 교사직을 그만두고 신학을 하고 장석교회에서 부목사로 있다가 현 신장위교회를 1974년에 개척했다. 동생 오형재는 고 목사를 돕다가 1982년 10월 그 교회 초대 장로가 되었고, 이듬해 8월에는 고 목사를 위임 목사로 추대했는데, 2년 뒤에 고 목사는 소천하셨다. 이때 장로가 된 고정자는 아버지의 신생 교회를 돕는 한편, 남편 학교 공부 뒷바라지에 힘든 나날을 보내면서도 불평하는 모습을 보이지 않았다.

결혼 생활 58년에 그들 부부가 함께 해외여행을 한 번이라도 떠났다는 말을 들은 적도 없다. 큰딸은 서울대 석사를 마쳤는데도 장로교신학대학을 수석으로 졸업한 남자와 결혼을 시켜 중국 선교사로 내보내고, 장남은 사회복지사로 있으면서 기아대책 본부의 직원으로 세계 각국을 뛰어다니며 일하는 아내와 살고 있다. 나는 속인이어서

인지 제수 고정자 장로의 딸과 아들이 당당한 직장을 가지고 부모를 도우며 일하고 있지 않은 것이, 안타까울 뿐이었다.

그러나 고정자 장로는 자녀들이 남의 후원금을 받아 가며 사회봉사를 하는 것을 불평하지 않았다. 남편은 1978년 서울 시립대학에 취직했으나 이듬해부터 서울대학교 대학원에서 산업공학과 학위 과정을 9년이나 하고 있었으니 아내가 어찌 기쁘기만 했겠는가. 그때 학위 가운을 입고 서울대 교정에서 함께 찍은 사진은 참 행복해 보였는데, 58년의 결혼 생활을 이 행복으로 다 보상받을 수는 없을 것 같다.

나는 12월 23일 혹한의 추위라고 말하는 날씨에 제수인 고정자 장로의 장례식에 참석하러 갔다. 코로나가 풀렸다고는 하지만 문상객이 많지 않은 이때 장례식장마저 스산하면 세상을 떠난 고인이 얼마나 허전할까 걱정하며 갔었다. 그런데 장례식장 6호실은 복도에 조화가 즐비했고 문상객도 많았다. 맏아들이 다니던 밀알교회에서 많은 교인이 위로 예배에 참석해서 식당도 붐비었으며, 아버지가 개척한 신장위교회 교인들도 북적대서 내가 걱정하던 쓸쓸함이 전혀 없었다.

향수 가게에 들어가면 아무것도 사지 않아도 향기가 몸에 배는 것처럼 제수인 고정자 장로의 장례식장은 주를 따르는 기독교 공동체에서 풍기는 사랑의 향기가 가득 넘치고 있었다. 나는 육신의 정욕과 안목의 정욕과 이생의 자랑이 배어들어 나도 모르는 사이에 세상으로 좇아 나온 추한 냄새를 풍기고 있던 것이 아니었나를 생각하게 되었다. 그녀는 외롭게 떠난 것이 아니며 주와 함께 먹고 마시다가 하나님의 품으로 간 것이라는 생각을 한다.

"이제 무거움 짐을 내려놓고 새 하늘과 새 땅에서 하나님의 품에 안기소서. 다시는 사망이 없고, 애통하는 것이나, 곡하는 것이나 아픈 것이, 다시 있지 아니하는 천국에서 편히 쉬소서. 가정 걱정, 교회 걱정, 코로나 걱정, 나라 걱정, 세계나 지구 걱정 다 잊으시고, 해도 지지 않는 천국에서 주와 함께 편히 쉬소서."

이것이 고정자 장로를 보내는 나의 마지막 기도였다.

보내는 아픔,
살아 남아 있는 부끄러움

우리가 마지막으로 미국 자녀들을 방문한 때는 2021년 11월 24일이었다. 그때 코로나가 확산하고 있었지만, 미국은 여행이 허가되어 아내는 거동이 불편함에도 휠체어 사용을 신청하여 미국으로 떠났다. 떠날 때 홍대 조형대 학장으로 있다 은퇴한 셋째 동생 오근재의 건강이 걱정되었으나 떠나 있는 한두 달 사이에 무슨 일이 생길 것 같지 않아 그냥 출발했다. 그런데 2022년 1월 22일 우리가 한국으로 돌아오려고 출국을 앞두고 PCR 검사를 받고 있는데 한국에서 한국 시각 23일 오후 3시 36분 동생이 운명했다는 카톡을 받게 되었다. 발인 예배는 25일 오전 7시 30분이라고 했다. 나는 억장이 무너지는 느낌이었다. 우리 비행기는 미국 시각 24일 오전 출발이었지만, 한국 도착은 한국 시각 25일 오후 5시 30분이었다. 평소에 내 큰 의지가 되었던 동생의 마지막 목소리를 들어보지도 못했을 뿐 아니라, 나는 그 유골도 만져 보지 못할 상황이었다.

한국에서 해외 입국자는 공항에서부터 자가 격리 앱을 핸드폰에 깔아 주고 입국 24시간 이내에 PCR 검사를 하고 음성인 경우, 자가 격리를 해야 한다는 것이었다. 매일 오전 10시, 오후 8시에 체온 검사를 해서 앱에 올리고 외출을 금하며, 자가 격리 상자에는 열흘 동안 음식물을 버리지 말고 집에 보관하라고 넣어 놓은 노란색 쓰레기 수거 봉지가 들어 있었다. 내 격리가 문제가 아니었고, 내 동생을 이런 경우에 그렇게 보내는 아픔이 너무 컸다.

내 첫째 동생 오영재도 이북에서 2011년 11월에 갑상선암으로 사망했다. 그때도 NK chosun을 통해 사망 소식을 보았을 뿐 방문은 커녕 전화도 위로의 편지도 보낼 수 없는 가깝고도 먼 땅에서 내 살덩이가 떨어져 나가는 아픔을 느꼈었다. 그런데 내 셋째 동생을 또 이렇게 보내는 아픔은 견딜 수가 없었다. 그는 확실하지는 않지만 20여 년 전 무슨 암의 증후가 보인다고 서울대 병원에서 표적 항암제로 개발된 글리벡으로 치료를 받고 있었다. 그런데 최근에는 그 약을 끊어도 될 것 같다면서 3개월에 한 번씩 검진을 받으라고 해서 아주 의욕을 가지고 운동도 하며 음식 섭취도 잘해서 퍽 좋아 보였었다.

그런데 사실 그는 그때 서울대 병원에서는 암이 췌장 쪽으로 전이되어 호스피스 병동으로 옮기라고 했었는데, 동생은 호스피스 병동으로 옮기면 코로나로 가족 한 사람밖에 병실에 있을 수 없고 다른 사람은 면회도 되지 않아 동생이 거절했다는 것이다. 미국에 사는 동생의 딸 내외가 급히 내한했었는데, 동생이 떠날 때는 한국에 사는 아들 내외와 생존해 있는 형제 내외의 문상을 받고 쓸쓸하게 세상을 떠나게 되었다고 한다.

그의 가훈은 '정직, 성실'이었다. 이것은 그가 기독교인이 되기 전부터 가족들에게 지키자고 정한 가훈이었다. 하나님을 알면서부터는 하나님 앞에 정직해야 한다고 생각했을 것이다. 그가 주 앞에 "본이 되는 삶을 살겠습니다"라고 서약했다면 꼭 그대로 사는 성미였다. 제자들이 명절에 선물을 보내면 가져온 자에게 도로 돌려보냈고, 택배는 반품하는 성미였다. 나는 나이가 많아져서 인터넷 쇼핑으로 음식물을 사 먹는 터여서 좋은 것이 있으면 그에게 보냈다. 그러나 그는 꼭 무엇인가를 되돌려 주었다. 나는 내가 한국에 있을 때도 약값이 꽤 들 것 같아 그에게 돈을 송금하면 다시 돌려보냈다. 그때 나는 이렇게 말했다.

"사랑은 받을 줄 알아야 한다. 하나님께 사랑을 받으면 어떻게 하나님께 돌려줄 생각인가? 최상의 선은 내가 물과 같이 되는 것이다. 받은 사랑은 낮은 곳으로 흐르는 물처럼 다른 사람에게 나누어 주면 된다."

그러나 그는 그것이 안 되는 사람이다. 처음 교회에 나갔을 때 그 교회의 목사는 장로들의 농간으로 교회에서 쫓겨났다. 그는 그 뒤로 40년 넘게 12개 이상의 교회를 편력하면서 참 기독교인이 모이는 교회를 찾았던 사람이다. 그는 한때 예수를 믿는다는 기독교인들을 싫어했다. 그는 교회에 모여 율법과 교회의 인습적인 신앙과 신조를 충실하게 지키며 "믿습니다.", "주께서 세상을 심판하십니다.", "복에 복을 더하여 주시옵소서." 하고 외치는 사람들의 이면을 들여다보면서 자기중심적이고, 때로는 경쟁하고 싸우고 모함하며 오히려 세상에 집착하여 성공을 찾고 있는 속된 인간상을 보았기 때문이었다.

근본적으로 그는 인간의 이면에는 모순되는 두 가지 인간이 살고 있다고 믿고 있었다. 그래서 그는 2019년 5월 『배다골』이라는 책을 썼다. 요한복음을 깊이 있게 연구하며 천상에서 온 디두모, 도마와 클라라(일찍 세상을 뜬, 추방당한 목사의 처제)를 만나 꼬박 3일 동안 요한복음을 두고 깊이 토론한 내용을 가상해 쓴 책이 『배다골』이다. 이 책의 추천사에서 김회권 목사는 『배다골』을 '고백문학으로서의 〈소설 요한복음〉'이라고 말하고 있다.

나는 이 동생을 만나면 기독교 신도로서 나 자신을 부끄럽게 생각한다. 그는 참다운 기독교인으로 살려고 하면서 기독교인의 이중적 정체성 때문에 괴로워했던 사람이다. 인간은 세상에 발을 붙이고 유물론적 관점을 가지고 살고 있으면서, 또 한편으로는 영원의 천국을 사모하는 관념론적 관점을 가지고 있는 존재이기 때문이다. 이성을 가지고 세상에 살고 있으면 유물론적이고 실증적인 가치관을 가질 수밖에 없어서 이를 버리지 않으면 영원과 믿음의 세계를 바라볼 수가 없다. 그는 사도, 도마 뒤에 숨어 있는 쌍둥이 도마를 본다. 도마 뒤에는 언제나 천국을 향한 도마와 세상을 향한 도마, 이 두 쌍둥이가 있다. 3일 동안 도마와 요한복음을 심도 있게 토론한 뒤 헤어지면서 도마가 고백한다.

"디두모 도마, 바로 쌍둥이에 대한 감출 길 없는 제 모습입니다. 저는 압니다. 사람들이 자기의 진정한 모습을 감추고 있지만, 각자의 자기 속에는 두 개의 자신의 모습이 마치 쌍둥이처럼 도사리고 있다는 사실을 말입니다. 제가 갈릴리 호반 주변에서 예수님의 부르심을 받았을 때, 저분이야말로 우리를 구원해 주실 메시아이심을 믿고 제 모든 생업을 버리고 그분을 따라나섰습니다. 그러나 그것은 성서의 기록에 불과할 뿐, 그렇게 결심할 때까지 제 가슴 속의 갈등은 아무도 짐작하지 못했을 것입니다. 하나의 나는 그분을 절대적으로 따라야 한다고 말했고, 또 하나의 나는 그냥 어부로 평범하게 살아가는 것이 덜 고단한 삶이 될 거라고 말했어요. 베드로 님 속에도 두 명의 베드로가 있었다고 저는 생각해요. 가야바의 정원에서 스승을 세 번이나 부인했을 때, 그분 속에는 스승과 함께 고난을 받아야 마땅하다고 주장하는 베드로와 그분을 부인하여 우선 삶을 도모하는 것이 현명하다고 스스로 부추기고 있는 또 하나의 베드로 말입니다. 이러한 보기는 오 집사님의 삶에서도 얼마든지 그 사례를 찾아볼 수 있을 거로 생각해요. 그러므로 저만이 디두모 도마가 아니라 이 세상의 신자들은 모두 저와 같은 이름의 소유자일 수밖에 없다고 저는 보고 있어요."

동생은 참 신자라고 자부하는 자기 뒤에 두 개의 상반된 쌍둥이가 있다는 것 때문에 번민에 번민을 거듭한 것 같다. 마지막으로 그는 김회권 목사가 시무하는 '가향교회'에서 생을 마쳤다. 그는 세상에서 학문을 쌓아 신학 박사를 한 사람이 강단에서 어떻게 '믿음'을 가르칠 수 있는지 이해가 안 되는 사람이다. 믿음은 가르칠 수 있는 것이 아니다. 학문은 지식이 쌓여서 존재의 합법적, 논리적, 객관적 이론의 체계를 형성하는 것이고, 믿음이란 이성을 초월하는 영원의 세계에 게시는 하나님을 단번에 만나는 것이기 때문이다. 지상에 발을 붙이고 있는 인간은 결국 유한하고, 기독교인이 바라보는 천국은 초 경험적이며 합리성과 실증성으로는 설명이 불가능한 믿음의 세계이다. 그럼, 어떻게 우리가 천국 백성이 될 수 있는가? 육신을 입고 인간으로 오신 예수의 본을 받음으로써 그가 분부한 걸 가르쳐 지키게 하고, 드디어는 부활한 성자와 하나가 되어 영원한 천국에서 그의 다스림을 받고 사는 것을 믿는 일이다.

또한, 그는 미술학도이면서 수학자인 나를 부끄럽게 한다. 예를 들어 바리새인이 율법을 순종해 구원에 이르려 하는 것은 유리수로 무리수를 나타낼 수 있다고 생각하는 것과 같다고 한다. '제곱근 2'는 무리수로, 유리수로는 무한히 가까워질 수 있을 뿐 그 자체가 될 수 없다. 1.414, …1.4142135623… 등. 소수 이하 4자리, 또는 10자리로 끝내는 유리수로는 무리수에 가까이 갈 뿐, 무리수 자체가 될 수 없다는 이야기다. 따라서 유한한 존재는 아무리 노력해도 무한한 존재 자체가 될 수 없다는 이야기다. 유한한 인간은 무익한 종의 고백처럼 아무리 성실하게 일해도 주인께 '무익한 종이라 우리가 하여야 할 일을 한 것뿐'이라고 세속적인 인간으로 산 자신의 겸손이 있을 뿐이라는 것이다.

하나님은 영원한 천국에 계시고 우리는 유한한 지상에 있어 하나님처럼 될 수 없다. 육신을 입고 인간으로 세상에 계시던 예수님의 삶은 우리 그리스도인의 모범이다. 고난을 인내하며 사랑을 실천하며 하나님을 구주로 모시고 그의 다스림을 받고 살면 그것이 지상에 천국을 확장하며 사는 삶이 된다. 그러나 그는 그런 이론이 세상과 타협하는 다른 한쪽의 도마라고 증오했다. 그래서 언제나 나를 부끄럽게 하고, 나를 속된 인간으로 만들어 버렸다. 그런데 이제 그는 정직과 성실로 하나님을 독대하고 살다가 영원한 천국으로 갔다. 그가 마지막 병으로 사투를 벌이고 있을 때, 그는 추위를 이기기 위해 실내 온도를 30도로 하고 살았으며, 매일 심한 통증을 이기기 위해 10,000mg이 되는 아스피린 주사를 맞고 지냈다고 한다. 하나님은 그의 신실하심을 보고 그 고통을 덜하게 하시려고 좀 더 일찍 부르신 것 같다.

"동생이여! 그곳은 내가 아무리 발버둥 쳐도 죽지 않으면 갈 수 없는 곳이네. 어제와 오늘과 내일 같은 시간도 없는 영원만이 있는 나라가 아닌가? 이제 하나님의 품에 안겨 편히 안식하게. 다시는 사망이 없고 애통하는 것이나, 곡하는 것이나, 아파 괴로워하는 고통이 없는 영원한 천국에서 편히 쉬시게. 이것이 보내는 나의 아픔이고 살아남은 내가 하나님의 자녀로 살지 못해서 부끄러워 이렇게 넋두리를 하고 있네."

믿음의 유산

흔히 다음과 같은 말을 자주 듣는다.

"나는 물려줄 재산은 없고 다만 믿음의 유산을 남기고 죽고 싶을 뿐이다."

정말 믿음의 유산을 자녀들에게, 또는 후세에 물려줄 수 있는 것일까?

이번에 훌륭한 한 기업의 회장은 나라에 크게 이바지했을 뿐 아니라, 떠날 때는 자녀들에게 많은 재산을 유산으로 남겨 주어 그 상속세만 해도 10조 원이 넘을 것이라고 한다. 재물은 유산으로 남길 수가 있다. 상속세만 내면 수혜자는 아무것도 안 해도 그 재산이 자녀들 소유가 된다. 그러나 믿음의 유산은 자녀들이 아무 일도 안 했는데 부모의 믿음 때문에 자기가 그 믿음을 이어받을 수는 없다고 생각된다.

믿음은 내가 물려주는 게 아니고 하나님께서 직접 믿는 자의 마음에 넣어 주는 것이다. 하나님이 부르시고 부름을 받은 사람이 엎드려 응답해야 한다. 그래야 하나님과 믿는 자와의 관계가 형성된다. 내가 하나님을 믿고 그분께 순종하기로 결단을 하면 하나님은 그 아들의 영을 내 마음 가운데 보내사 하나님을 아빠 아버지라 부르게 하신다.

흔히 하나님은 손자가 없다는 말을 한다.

"내 아들은 목사요, 딸들은 목사 사모와 교회 권사로 모두 충성스럽게 교회를 섬기고 있다. 이것은 내가 후손에게 물려준 믿음의 유산이다."

과연 이렇게 말할 수 있을까? 다시 말하면, 나는 하나님을 영접하고 하나님을 아버지로, 나는 하나님의 아들로 살고 있는데, 내 자녀들은 내 '믿음의 유산'을 받아 목사나 권사가 되었다면 그들은 하나님의 손자가 된 셈이다. 그러나 그들도 나처럼 예수님을 영접해서 그들은 하나님을 아빠 아버지라 부르면 하나님께서는 그때부터 그들을 "너는 내 아들이다."라고 부르신다. 즉 그들은 하나님의 아들이 된 것이지 손자는 아니다.

하나님은 노예로 지내는 이스라엘 백성을 광야로 불러 자유를 주실 때도 그들을 아브라함의 후손이라 하지 않고 "내 아들을 애굽에서 불러냈다(호 11; 1)."라고 말씀하셨다. 믿음은 유산으로 받는 것이 아니고 바울이 다메섹 도상에서 예수를 만나는 것처럼 예수님과의 만남에서 비롯된다. 내 믿음은 아버지 때문이 아니요, 목사님 때문이 아니다. 내가 어떤 계기든 주님을 직접 만나야 한다.

이번에 추수감사절을 한 달 앞두고 우리 교회 목사는 '시·찬·감 노트'라는 것을 만들어 교인들에게 나누어 주었다. 4주 동안 월요일부터 금요일까지 매일 거기에 적힌 시와 찬송을 필사하고 묵상하며 감사한 내용을 적는 노트가 '시·찬·감 노트'다. 정성 들여 필사하면서 성경에 그런 시가 있었는가? 그런 뜻깊은 찬송이 있었는가? 하고 새롭게 깨달으며 필사하는 동안 말씀이 마음 깊이 새겨지며 찬송이 주님께 드리는 참 찬미가 되게 하기 위해서였다. 목사님의 깊은 뜻은 하나님의 음성을 목사인 자기를 통해서 간접적으로 듣지 말고 이제는 직접 성경에서 듣고 새로 거듭난 기독교인이 되게 하기 위해서였다고 생각한다. 하나님을 직접 만나는 계기는 여러 경우가 있겠지만, 성경을 통해 하나님의 음성을 듣는 것이 첩경이기 때문이다.

어떤 계기에 나는 룸살롱 마담으로 있던 분이 목사가 된 간증을 들은 일이 있다. 그분은 자살 직전에 어머니를 따라 교회에 갔던 생각을 하고 철저히 회개하고 하나님을 찾았다. 교회에 나갔으나 얼마 만에 자기 전직을 아는 한 권사로부터 교회를 옮겨 달라는 부탁을 받고 이 많은 교회 중에 자기는 어떤 교회로 가야 할까 하고 절망적으로 기도하고 있었는데, 누군가가 큰 교회에 가보라는 소리를 들려주어 여의도의 순복음교회로 가게 되었다고 한다. 거기서 그녀는 전도 왕이 되고 각 교회 전도 집회에 나가 찬양으로 간증하기 시작했다. 그러자 교회에서는 신학교를 가라고 권유했는데, 신학교에 가서 목사가 되어 교회를 맡는 것은 있을 수 없는 일이라고 생각되어 거절하고 피해 다녔다. 그러나 자기를 아끼는 어떤 권사님의 집요한 강요와 후원으로 신학 대학원까지 나와 목사 안수를 받게 되었다는 간증이다.

그녀는 한 해에 450명도 전도한 일이 있다고 한다. 그리고 지금도 룸살롱 아가씨, 밴드부 회원, 웨이터 등 많은 사람을 전도하여 상담하고 찬양 사역자를 길러 교회의 일꾼으로 보내고 있다고 한다. 그 많은 사람이 그녀를 따라 교회에 나오면 큰 교회를 만들고 목회자가 되어 성공한 교회를 이끌 수 있을 것 같은데, 그녀는 목회를 거부했다. 집회를 많이 다녀서 한 교회를 맡기도 힘들거니와 자기는 죄인이 회개하여 천국 시민으로 사는 것을 보는 것이 기쁨이라고 했다고 한다. 복음성가 협회의 회원으로, 찬양으로 간증하며 집회를 다니는데 그때마다 중한 죄를 회개하고 주께 나오면 그곳이 바로 천국이라는 것을 알려 주고 싶다고 했다. 그분이 좋아하는 찬송은 '내 영혼이 은총 입어'다.

내 영혼이 은총 입어 중한 죄 짐 벗고 보니/ 슬픔 많은 이 세상도 천국으로 화하도다/ 할렐루야 찬양하세 내 모든 죄 사함 받고/ 주 예수와 동행하니 그 어디나 하늘나라

천국은 죽어서 가는 곳이 아니라 중한 죄를 회개하고 나면 바로 눈앞에 있는 것이 천국이며, 이것이 하나님의 은총임을 전하고 살면 자기는 사명을 다하는 것이라고 말했다.

2020년 하나님이 교계에 주신 큰 재앙 중 하나는 코로나 19다. 모두 교회를 나가지 못하자 아우성쳤다. 교회에 나가지 못하고 목사님의 설교를 듣지 못하니 믿음이 식는다고 개탄했다. 각 교인은 집에 하나님의 말씀이요, 하나님이 우리에게 주신 약속의 말씀인 성경을 여러 권 놔두고 교회에 못 나가고 목사님의 설교를 못 들어 믿음이 없어진다고 개탄하고 있다. 모두 하나님의 손자가 되고 싶은 것이다. 그러나 정작 바울처럼 하나님의 아들이 된 기독교인은 건물과 일정

한 장소에 갇혀 있기보다는 세상 끝까지 나가 복음을 전파하려 한다. 오순절에도 예수님은 자기의 아들들을 능력을 주어 방언하게 하고 세상에 흩어 놓으셨다. 코로나 19는 재앙이 아니요 침체한 기독교인에 대한 각성제라는 생각이 든다.

그럼 '믿음의 유산'이란 어떤 뜻일까? 물질적인 유산처럼 내게 무슨 대단한 믿음이 있어 유산을 남기겠다고 오만해 할 것이 아니라, 목사 자격증을 받은 룸살롱 마담처럼 조직과 형식, 의식에 갇힌 교회에서 구원의 방주에 앉았다는 안일함에서 벗어나 세상으로 나가 예수님을 직접 만나게 해주는 순종의 삶을 사는 일을 '믿음의 유산'이라고 부를 수 있지 않을까? 육신의 아들에게 물려주는 유산이 아니라, 혹 순종의 삶을 사는 착한 행실을 보고 주를 영접하는 형제, 자매가 생긴다면 그것을 '믿음의 유산'이라고 불러도 되지 않을까?

왜소한 인간은 나 중심, 내 교회 중심, 내 나라 중심을 벗어날 줄을 모른다. 우리 목사, 우리 교회, 성수주일, 새 신자 영입 행사 등이 개교회주의를 부추기고 교회를 떠난 교인들은 목적을 잃고 무능한 교인이 된다. 또한, 율법주의에의 회귀 현상과 무속 신앙이 교회의 생명력을 죽이고 있다. 이런 교회 활동을 하나님께서는 차마 보실 수 없어서 코로나 19를 보내시지 않았나 하는 생각을 할 때도 있다. 코로나 19는 교인을 교회 안에서 세상으로 흩어 놓는 일을 하고 있기 때문이다. 예수님은 부활하여 50일 되는 성령강림주일에 말씀을 따라 한곳에 모인 성도들에게 성령을 주사 방언을 하게 하시고 세상 방방곡곡에 흩어 놓으셨다.

지금 하나님은 우리를 가정에, 직장에, 사회에 흩어 놓으셨다. 우리가 세상의 유혹과 인간의 탐욕을 버리고 주님처럼 사는 삶의 본을 세상에서 보이면 하나님의 권능으로 주님이 다스리는 천국이 확장되어 갈 수 있다고 믿는다. 그리고 이런 흩어진 교회의 사역을 나는 세상에 던지는 '믿음의 유산'이라고 말하고 싶다.

입원 대란

아내와 나는 2026년 1월 중순부터 월말에 이르기까지 입원 대란을 겪고 있다. 그러나 생각해 보면 이 대란은 지난해 12월 마지막 토요일부터라고 생각한다. 그날은 오래전에 은퇴한 동료 두 사람과 월례 행사처럼 만나던 날이었다. 그들은 내가 사는 계룡으로 언제나처럼 점심 모임으로 왔었는데, 그날은 몹시 추웠다. 그러나 나는 평소에 몸이 불편한 아내와 함께 바깥출입을 하지 않은 채, 실내 온도를 높여 놓고 아내가 눈부시다고 햇볕이 드는 창 커튼까지 치고 지내고 있었다.

그렇게 거의 얇은 내복을 입고 있다가 외출한답시고 두꺼운 오리털 코트를 걸치고 마중을 나갔다. 으레 점심을 먹고 차 마신 뒤 헤어지는 행사여서 별 신경을 쓰지 않고 나간 것이다. 점심은 연산에 있는 '황제 장어나라'로 정했다. 장어를 무제한 리필해 주는 곳이었다. 동시에 200여 명을 수용할 수 있는 큰 홀이었는데, 그때도 대여섯 식구밖에 앉아 있지 않아 홀은 휑하고 추웠다. 그 넓은 홀을 난방하려면 수지가 맞지 않을 것이었다.

우리는 한적한 곳에 자리를 잡고 앉았다. 동료들은 추운 날씨에 중무장을 하고 왔다가 장어가 구워질 때는 다 윗옷을 벗어 걸고, 싼값에 무한 리필을 해주는 장어를 즐기기 시작했다. 나는 엉거주춤 오리털 코트를 안 벗을 채 식사를 시작했지만, 어울리지 않아 벗어 등 뒤 의자에 두고 맛있게 식사를 했다. 추워서 재채기를 해선지, 계룡으로 나와 차를 마시면서도 재채기는 계속되었다. 나는 감기에 걸린 모양이라 생각하고 담소를 나누기 시작했다. 그런데 갑자기 재채기와 함께 새빨간 피를 토하기 시작했다. 멈출 줄 알고 휴지로 닦아봤으나 재채기와 함께 작은 종이컵으로 하나는 될 정도로 피가 계속 나왔다. 놀란 것은 나뿐 아니라 함께 온 친구들이었다. 당장 응급실로 가자는 것이었다. 나는 그날은 토요일 오후여서 우리가 가는 것보다 119를 불러 구급차로 가는 것이 더 빠르다고 먼저 내 집에 데려다 달라고 했다. 내가 119를 부르겠다면서.

집에 가서 3시쯤 119를 불렀더니 바로 달려왔다. 그들은 피를 그렇게 토했다면 바로 병원에 가야 한다며 혼자 걸을 수 있느냐면서 독촉했다. 보호자가 없느냐고 물어서 나는 나보다 하나 위인 아흔세 살 아내와 단둘이 동거하고 있는데, 아내는 워커 아니면 걸을 수도 없어 그녀는 내가 보호자지 다른 사람 보호자로 따라갈 처지가 아니라고 말했다. 그들은 어쩔 수 없다며 독촉했다. 나는 아내를 그냥 혼자 두고 가는 것이 마음이 놓이지 않았지만, 우선 집을 나섰다.

구급차는 나를 태우고 30분 이상을 달리며 내가 알 만한 건양대 병원, 을지대 병원, 선병원, 충대병원, 성모병원 등을 돌며 출혈 환자를 받아 줄 수 있느냐고 물었지만, 담당 의사가 없다는 등의 이유로 거절만 당했다. 나는 지금은 출혈이 없으며 정신이 말짱하니 그냥 집으로 데려다 달라고 호소했다. 이렇게 1차 응급병원 소동은 끝나고 집으로 돌아왔다. 이것이 입원 대란의 시초였다.

이튿날 경기도 용인에 사는 딸이 아침 일찍 달려왔다. 그리고 내가 반대하는데도 다음 날 가까운 건양대 병원에 외래 진료를 예약해서 12월 30일 호흡기 내과의 손 교수와 면담하기로 했다. 혈액 검사를 하고 영상실에서 일반 촬영을 한 뒤 담당 의사를 만났는데, 손 교수는 다음 달 1월 2일에 예약을 잡아 주면서 이번에는 당뇨약을 중단하고 금식한 뒤 오후 1시 30분까지 와서 Chest Routine CT를 하고 귀가한 뒤, 다시 1월 8일 그 결과를 두고 이야기하자고 했다.

이 복잡한 사정을 잘 알지 못하는 국외의 자녀들은 이틀 후인 1월 1일은 2026년을 시작하는 새해이기 때문에 Zoom Meeting을 하자고 법석이었다. 다음날은 내가 건양대 병원에 금식하고 들어가 각종 촬영을 하는 날이었지만, 아침 이른 시간이어서 딸이 나를 도와주고 상경했다. 그런데 딸이 떠난 그다음 날 3일은 아내가 너무 어지럽다고 호소해 와서 우선 동네 내과 병원을 찾아보기로 했다. 내과 병원에서 1시간여를 대기했는데, 의사는 심근경색 환자가 폐에 물이 차있는 줄도 모르고 동네 병원을 찾았느냐며 당장 종합병원으로 입원하라고 하며 자기의 '진단 의견서'를 써 주었다. 너무 서둘러서 나는 먼저 소개한 개인 병원으로는 큰 '대청병원'에 갔으나 거절당했다. 3년 전 심근경색으로 치료를 받아 온 '충대병원'으로 가 보라는 것이었다.

놀라서 충대 응급실에 들어가자 옷을 갈아입고 금식하며 검사에

임하라고 했다. 우리는 점심도 못 먹고 금식 상태였지만, 아내는 손에 주삿바늘을 꽂고 여러 가지 수액을 주입하고 있어 그것도 잊고 정신이 나간 듯 누워 있었다. X-ray, CD 등 여러 가지 사진을 찍고 응급실 담당 의사의 검진을 받았는데 처방전과 함께 퇴원하라든가 입원을 권유하는 일도 없이 오후 5시 넘게 기다리고 있어야 했다. 그러나 응급실의 결론은 1월 9일 충대병원에서 심근경색을 다루었던 심장내과 진 교수와의 면담을 잡아 주는 것뿐이었다. 부랴부랴 퇴원 준비를 하고 있는데, 수액 주입을 끝내자 아내는 배가 고파 쓰러질 것 같다고 했다. 아내는 배고프면 못 견디는 성미였다.

간식거리를 사 오고 물을 사 오다 보니 시간이 늦어져 병원을 떠난 시간은 6시가 넘어서였다. 나는 나이가 들어 밤 운전을 하지 않기로 한 때였다. 그러나 환자를 데리고 귀가해야 해서 어쩔 수가 없었다. 아내와 나는 내 차로 충대 길을 너무 많이 달렸기 때문에 아내도 길을 알아 나를 안내하는 형편이었다. 그러나 나는 충대를 내 집처럼 2, 3개월 동안 아내 입원 때 다녀서 문제없다고 자신에게 타이르며 밤 운전을 했지만, 그때 어렵지 않게 귀가한 것은 하나님의 은혜라고 생각한다.

2월 8일은 참 바쁜 날이었다. 오전 11시 50분, 나는 건양대 병원의 손 교수와 면담을 해야 했고, 오후에는 아내를 위해 4시 10분에는 충대병원의 진 교수를 면담하러 데리고 가야 했다. 그래서 용인 사는 딸이 오후 4시 10분 아내 진료를 위해 집에 오겠다는 것을 나는 반대했다. 상당히 시차가 있었기 때문이었다.

오전에 진 교수를 만나자 그는 다음 주 화요일(1월 13일) 당장 입원하라고 했다. 나는 거절했다. 내가 입원하면 아내는 누가 돌볼 돌본

단 말인가. 그러나 진 교수는 이번에 입원하지 않으면 다음엔 예약을 새로 잡아야 하므로 폐에 붙어 있는 이물질 일부를 떼어내 조직검사를 하려면 입원하지 않고는 안 된다는 것이었다. 나는 때가 되었으니 하나님이 허락하신 만큼만 살겠다고 했다.

그런 뒤 오후에는 아내를 데리고 충대병원에 갔다. 예약이 4시 10분이었지만 3시였는데도 벌써 예약자가 가득 차 있었다. 차례를 기다리고 기다렸는데 우리 순서는 오지 않았다. 결국, 우리가 뒤늦게 알게 된 사실은 모두 일찍 와서 대기 명단에 등록했고, 우리 순서는 끝에서부터 세 번째였다. 그것도 6시가 가까워서였다. 기다리는 동안에 딸이 어머니 걱정이 되어 집에 와 있다는 전화 연락이 왔다. 병원을 떠나면서 전화하겠다고 했지만, 또 밤 운전이어서 걱정이 되었다. 드디어 진료 차례가 되어 의사가 우리에게 들려준 한 마디는 13일 충대병원에 입원하여 치료해 보자는 것이었다. 그러면서 가기 전 주사실에서 주사를 맞고 귀가하라는 것이었는데, 주사실에서는 약이 도착하지 않았다고 또 기다려야 했다.

그러고 나니 귀가는 6시 반이 넘어서였다. 그런데 문제는 그날 밤이었다. 시력이 약해 밤 운전을 싫어했는데 계백로 대청병원 근처 도시철도 2호선 공사 구간 중 완전히 끝나지 않은 공사장이 있어 계룡으로 갈 때는 4차선 중 좌측 2차선이 없어진 곳이 있다. 그런데 나는 그것을 의식하지 못하고 그 막힌 길을 가다가 우측 2차선으로 들어가기 전 콘크리트로 된 철벽을 부딪친 후 본 궤도에 들어선 것이다. '쾅' 하는 소리가 났는데, 나는 차를 멈추어 세울 수가 없었다. 왼쪽 문짝이 부서진 건 분명했는데, 계속 달릴 수밖에 없었다. 환자를 데리고 빨리 집으로 돌아가야 했기 때문이다.

아파트의 지하 주차장으로 들어가니, 딸이 나와 있었다. 딸은 사고 차를 보고 놀랐지만, 먼저 트렁크에서 휠체어를 내려 아내를 데리고 엘리베이터로 올라가고 나는 지상으로 나와 빈 곳에 주차했다. 이렇게 크게 망가진 차를 어느 수리공장에 맡길지 엄두도 내지 못했다. 그러나 이 중고차를 나에게 소개해 준 사장이 자기가 아는 공장에 맡길 테니 거기까지 보험 회사에 연락해 견인해 달라고 부탁하라고 했다. 나는 보험 회사를 불러 그때야 사고 신고를 했다. 사고 지점이 어딘지, 어디로 가야 하느냐고 물어서, 차는 내 아파트 앞에 세워 놓았으니 내일 아침에 와서 견인해 달라고 했더니, 보험 회사 직원이 놀라서 물었다. 무슨 사곤데 집에까지 운전해 오고, 다음날 견인해 달라는 것은 또 무슨 뜻이냐는 것이다.

'입원 대란'에 이렇게 긴 에피소드를 붙인 건 미안한 일인데, 이처럼 큰 사고를 낸 것이 내 90 평생에 처음이기 때문이다. 이것은 입원 대란 중 큰 사건이고, 그때 우리는 세상을 떠날 수도 있었던 사고여서 서곡으로 말해 두고 싶다.

드디어 입원 대란은 시작되었다. 문 권사가 1월 13일부터 심근경색의 정확한 진단을 위해 중대병원에 입원했기 때문이다. 해외 자녀들은 아버지건 어머니건 무조건 입원하라고 했다. 13일부터 3일간 딸은 상담사로서의 일을 제치고 어머니의 보호자로 근무했다. 내 차를 수리공장에 보내 버린 나는 딸 차로 병원에 와서 아내가 입원한 것을 보고 그 차로 늦지 않게 귀가했다. 딸이 그래도 한국에서 같이 사는 것이 그렇게 고마울 수가 없었다.

다음날, 딸 차로 병원에 와 봤더니 아내는 주렁주렁 수액을 넣는 호스들을 매달고 평온한 얼굴이었다. 폐에 차 있는 물도 많이 빠지고, 부어 있는 다리도 홀쭉해져서 그런대로 편안한 것 같았다. 나는 딸이 병원에 와서 함께 지내는 동안 딸 차로 집에 와서 쉬고, 딸이 상담 시간이 잡혀 있으면 내가 가서 대리 근무하고, 그동안 딸은 차 안에서 원격 상담을 하고 돌아오기도 했다.

해외에 있는 가족들이 부모의 입원에 동의한 뒤, 둘째는 2주간의 휴가를 얻어 나를 돕기 위해 1월 21일 인천에 도착했다. 그동안 아내는 15일 퇴원해서 집에 와 있었다. 나는 자녀들의 강권으로 1월 22일부터 3일간 건양대 병원에 입원하기로 했다. 그동안 아들이 내 충실한 보호자였다. 병원에서 한 일은 내가 자는 동안 폐에서 이물질을 약간 떼 내어 조직검사를 하고 그것에 맞는 약물로 표적 치료를 한다는 것이었다. 그런데 퇴원하자 또 다른 검사를 하겠다고 했다. 이것이 뇌나 다른 임파선에 전이되어 있는지를 알아야 정확한 약물 치료를 할 수 있다는 것이다. 따라서 1월 29일에는 금식하고 들어가 PET-CT 촬영을 2시간 넘게 해야 한다는 것이다. 그 결과는 2월 9일 진료에서 알려 주겠다고 했다. 아들은 휴가가 8일에 끝나는데 조금 당길 수 없느냐고 사정해서 임시로 5일 10시로 진료 시간을 변경하고 귀가했다.

2월 5일, 우리는 손 교수를 만났다. 그는 그동안 나를 촬영했던 사진을 여러 번 돌려 보고 말했다.

"폐 속의 이물질은 암이 아니고 그냥 염증이네요."

아들은 "하나님 감사합니다!"라고 외쳤다. 내 병은 단순한 폐렴이었다. 암일 때 다른 데로 전이될지 몰라 이 결과까지 합해 치료하려한 것은 허사였다. 생사화복은 하나님의 손에 있는데 이성을 초월한 천국에 계신 하나님을 믿지 않는 인간은 문명의 이기로 인간의 생명까지 다룰 수 있다고 생각하고 있다. 이제 세상은 완전히 하나님을 무시하고 바벨탑을 쌓은 인간 중심의 문명사회가 되어 버렸다. Physical AI를 이용한 로봇이 자율주행, 물류창고 배달이나 의료 수술 등을 하며 위험 작업이나 단순 노동을 하고, 서비스 산업을 자동화하기도 한다. 스마트 농업으로 대형 농장을 기계화한다.

이렇게 인간의 능력이 모든 것을 다 할 수 있는데, 하나님이 왜 필요한가? 하나님은 무속 신앙인에게나 필요하다. 그러나 나는 인간의 이성을 초월한 더 넓고 깊은 차원의 하나님 나라를 믿는다. 하나님은 자기가 창조한 세상을 인간에게 맡기고자 하신다. 비록 그들이 죄를 지어 지상으로 쫓겨났지만 자기의 독생자 예수를 보내어 그들을 대속(代贖)하고 다시 부르신다. 다만 인간이 그의 음성을 듣지 못하는 것이 안타까울 뿐이다. 포도원 품꾼에게 아침, 9시, 정오, 오후 3시, 오후 5시에 온 사람도 한 데나리온씩 주겠다고 약속하고 들여보내며 나올 때는 약속한 대로 다 한 데나리온씩을 주었다. 이 세상 어떤 농장 주인이 이런 밑지는 장사를 하겠는가? 하늘나라의 백성과 이 세상의 백성은 가치관이 다르다. 양 100마리 가운데 한 마리를 잃었는데 99마리를 그냥 두고 한 마리를 찾아 나선 이상한 사랑을 이성의 한계에 막힌 인간이 이해할 수 있겠는가? 믿는 자를 잡아 죽이기 위해 혈안이 된 바울을 회심케 한 것은 누가 한 것인가?

하나님은 이 세상에서 인간이 수명을 다했을 때 우리를 천국으로 부르실 뿐 아니라, 우리가 이 세상에 있을 때도 '하나님의 집(오이코스)을 다스리는 큰 제사장이 계시는 곳'에서 우리와 공동체를 이루어 주의 은혜를 누리고 섬기며 천국의 삶을 이 지상에서 살다 주님 곁에 가게 하신다(히 10:21 참조).

손 교수는 한 번 더 나에게 권고했다. 9일 동안 지은 약을 먹고 기다리다 3월 12일 금식하고 CT와 X-ray 촬영을 한 뒤 3월 19일에 진료 면담을 다시 하자는 것이다. 자기의 영상물 판독이 잘못이 아니었는지 다시 확인해 보자는 것이다. 나는 다시 시험대에 오르고 싶지 않았지만, 아들이 강권해서 그렇게 하기로 동의했다.

사르트르의 실존주의에 심취했던 내가 하나님을 만난 것은 기적이다. 이 기적은 오직 하나님의 은혜다. 하나님은 인간 능력의 한계를 초월한 신령한 세계를 한순간 나에게 보게 하신 것이다. 나의 힘과 노력이 아니다. 주께서 문을 열라고 하셔서 그 음성을 듣고 그분 곁으로 간 것뿐이다.

일단 입원 대란은 이렇게 끝났다. 다만 죄를 짓고 지상으로 쫓겨난 우리를 아직도 사랑하시고 다시 불러 주께서 창조하신 세상을 맡아 주기를 원하는 하나님과 지상에서 만능이 된 인간이 바벨탑을 쌓고 주님 곁으로 가는 것을 거부하는 두 세력의 갈등을 보는 것뿐이다.

2부

칼럼

벚꽃 구경

"**벚꽃** 구경하러 가면 안 될까?" 하고 갑자기 아내가 말했다.

나는 놀라서 되물었다. "왜 그런 생각을?"

아내는 이 몇 달간 아파트의 꽉 막힌 공간에 처박혀 밖에 나가기를 싫어했다. 워커에 의지해 방안에서 움직일 뿐이어서 신선한 공기를 쐬러 휠체어를 타고서라도 밖을 나가 보자고 권해도 꿈쩍도 안 하던 터였다.

"일기 예보에 곧 비가 온다는데 동학사 벚꽃이 다 질 것 같아 그래요."

차 안에 앉아 벚꽃길을 한 바퀴 돌아보자는 이야기였다. 나는 그것도 고마워서 동학사 안내소에 꽃이 어느 정도 피었는지 알아보고 곧 채비했다.

아내는 고난 주간인데 교회는 안 나가면서 꽃구경을 간다는 것이 좀 께름칙하다고 말했다. 교회는 차로 50분 거리이고, 동학사는 20분 거리이며, 꽃구경은 밖에서 걷는 일이 없어서 하나님도 우리 사정을 아시고 용서하실 거라고 말했다.

얼마 전, 결혼 66주년 기념일에도 아무 일도 해주지 못해서 미안했던 터였다. 밖으로 나와 신선한 공기를 쐬이니 기분이 산뜻해졌다. 교회는 나이가 들고 신체적으로 불편해지면서 비대면 예배를 드리고, 또 이 오순절 기간에는 교회가 정한 '공동체 성경 읽기'를 열심히 하고 있어서 교회 공동체의 일원으로서 소속감을 잃지 않고 있다고 자부하고 있는 터였다.

아내는 밖으로 나오자 성경 읽기에서 요한복음 13장의 예수님께서 발 씻어 주는 구절 이야기를 나에게 물었다. 베드로가 예수께 절대로 자기 발을 씻어 줄 수 없다고 말했을 때 주께서 왜 발을 씻어 주지 않으면 주님과 베드로는 상관이 없어진다고 했는지 이해가 안 된다고 말했다.

"주께서 세상을 떠나시기 전 제자들의 발을 씻겨 준 건, 제자들이 이 세상에 묻혀 걷는 동안 오염된 발을 씻어 주지 않으면, 결국 천국에 가 있을 주님과 함께 지낼 수 없다는 뜻이 아닐까?"라고 말해 주었다.

"오염된 것들이 무엇인데?"

"세상 사람들이 구하는 물질, 권력, 명예욕, 음행과 탐욕. 뭐 그런 것들 아니겠어?"

그러면서 트럼프가 집권하고 백악관에서 하워드 러트니 미 상무장관 취임식 때 그곳에 참석한 그의 아들 카일을 찾아 러트니 장관이 그 애가 어려서 다섯 살 때 그를 유치원에 데려다주느라 2001년

9·11 테러로 세계무역센터에 출근하지 못해 러트니 장관이 구사일생으로 살아난 일화를 청중에게 말하며 그 애는 다른 자식보다 '유산을 더 주어야 할 것'이라는 말을 했다는 신문 칼럼을 보았는데, 나는 물질에 때 묻어 세족(洗足)을 안 한 것 같은 트럼프가 '주와 함께하는 기독교인일까?' 하고 생각한 일도 있다고 말했다.

"요즘 정치인들은 다 그런 게 아니에요?"

"글세, 정치는 하늘나라에서 하는 것이 아니고 이 세상에서 하는 것이니까."

"그럼, 주님으로부터 진정 세족해 받은 교인들은 세상 정치인은 될 수 없나요?"

"미국의 흑인 목사 마틴 루터 킹 같은 분은 정치인은 아니었지만, 워싱턴 DC에서 열린 '시민 참여 직업과 자유를 위한 워싱턴 행진'에서 유명한 연설을 했지요. '나에게는 꿈이 있습니다. 조지아 주의 붉은 언덕에서 노예의 후손들과 노예 주인의 후손들이 형제처럼 손을 잡고 나란히 앉게 되는 꿈입니다'라고 링컨 기념관 앞에서 연설했는데 꿈은 세상의 가치관으로는 상상할 수 없는, 즉 '발 씻음을 받은 사람'만이 가질 수 있는 꿈인데 미국 정치사에 노예해방을 가져왔잖아요?"

"우리나라도 6월 3일 새 대통령을 뽑는다는데 80년 만에 이룩한 대한민국의 영광을 되찾는 지도자를 우리 국민이 뽑을 영안(靈眼)을 가질 수 있을까요?"

"우리처럼 세상을 다 산 사람이 무슨 일을 할 수 있으며 무슨 큰일을 할 수 있겠어요. 하나님께 기도할 뿐이지요. 제왕 정치를 하는 '왕 같은 대통령을 뽑지 않게 해주세요. 세상의 욕심이 아니라 천국에 더 큰 꿈을 가진 대통령을 뽑게 해주세요' 하고 기도해야지요. 유권자들이 바르게 투표권을 행사해 달라고 기도할 뿐이지요."

"토요일마다 KBS에서 방영하는 '동네 한 바퀴'를 보고 있으면 따뜻하고 유쾌한 삶, 동네 사람들의 진솔한 삶을 많이 보는데 꿈이 있는 그런 사람들은 투쟁과 쟁취만 외치지 않을 것 같아요."

우리는 어느새 동학사의 꽃길로 들어서고 있었다. 동학사 입구에서 한 바퀴 돌면 30분, 역으로 반대편에서 동학사 입구 쪽으로 돌면 15분 정도다. 벚꽃 나무가 많이 고목이 되었다. 그러나 적절한 비와 햇볕으로 꽃봉오리가 맺히고 이내 활짝 피어 하나님의 솜씨를 뽐내주는 것은 너무 신기하고 감사하다. 비가 오면 꽃잎이 져도 초록색 이파리를 내며 기후에 순응한다. 우리는 말 없이 하나님의 작품을 감상하며 꽃길을 달렸다. 젊어서는 군산가도, 속리산, 구례 쌍계사, 경주 등 벚꽃을 찾아 마음대로 다녔으나 지금은 차 안에 묶여서 감상만 해야 한다. 그러나 하나님의 솜씨에 감격하며 말없이 달렸다.

집에 돌아오니 얼마 동안 마음이 상쾌하였다. 그러나 뉴스를 듣고 있으니 다시 마음이 답답해졌다. 여당과 야당은 '너 죽고 나 살자' 식의 싸움을 하고 있기 때문이다. 성경의 "내가 주와 또 선생이 되어 너희 발을 씻었으니 너희도 서로 발을 씻어주는 것이 옳으니라(요 13:14)"라는 말씀이 머리에 떠올랐는데, 이 혼란 속에 하나님의 말씀은 정치인들에게는 어린애들에게 들려주는 동화만큼도 감동을 줄 수 없는 말씀이었다.

- 장로신문 [시론], 2025. 4. 29.

하나님의 음성

지난해까지만 해도 광장에서 농성하며, 데모 한다면 으레 노조들이 자기네 권리를 보장하라고 정부를 향해 외쳐 댔다. 그런데 올해는 정치권이 양분되어 지지 세력까지 뭉쳐서 상대 방을 맹비난하고 있어서 이 군중들의 시위를 잠재울 주체가 없다. 가뜩이나 행정의 수반인 대통령 자신이 내란의 우두머리가 되어 교도소에 구금되어 있으니, 해결은 더욱 미궁에 빠질 수밖에 없다. 주말이면 광화문, 대학로, 서울역, 여의도, 경복궁역 등을 메우며 외치는 상반된 목소리는 커지기만 하고 민생은 뒷전이다. 입법부와 행정부가 서로 엇나가고 있으며 사법부는 어찌할 바를 모르고 이제는 온 나라가 헌재의 판단만 기다리고 있는 것 같은데, 이 상반된 양대 세력의 아우성은 헌재의 판단마저 불복할 태세다. 80년 전 원조를 받던 이 나라가 이제는 세계 10위권의 국력을 가지고 원조하는 나라가 되어 개발도상국들의 선망의 대상이 되어 왔는데 이대로 무너질 것 같다.

IMF를 극복했던 저력으로 이제는 뭉쳐서 기도해야 한다. 세계적인 여성 바이올리니스트 박지혜는 올해 106주년 3·1절을 맞아 요즘 대한민국을 보면 너무너무 마음이 아파서 '이해는 대한민국이 전화위복이 되는 한 해'가 되도록 기도해야 한다며 '삼일 부흥절-지혜 아리랑'을 메들리로 작곡, 작사, 연주하는 모습을 유튜브에 올렸다. 과연 하나님께 기도하면 우리나라를 구할 수 있을까? 우리나라 830만의 기독교인과 현재 87명의 개신교 국회의원들이 합심해 기도하면 이 난국을 타파할 수 있을까?

구원받은 기독교인의 기도란 무엇인가? 내가 원하는 걸 쟁취하기까지 끝까지 목적 달성을 위해 구하는 것이 기도가 아니다. 기도란 내 가치관이 바뀌어 이성을 초월한 천국의 주님 음성을 듣는 것이다. 그리고 내가 변해서 하늘의 뜻에 순종하게 되는 게 기도의 위력이다. 내 뜻대로 되기를 바라는 것은 기복신앙이다. 다음과 같은 미국 원주민과 귀뚜라미의 일화가 있다.

원주민과 친구는 뉴욕 시내에서 맨해튼의 타임스퀘어 근처를 걷고 있었다. 때는 점심시간이었고 거리는 사람들로 가득했으며, 자동차가 경적을 울리고, 택시가 모퉁이를 돌며 끽 소리를 내고, 사이렌이 울부짖었고, 도시의 소음은 거의 귀가 먹을 정도였다. 이때 "귀뚜라미 소리가 들려요."라고 갑자기 원주민이 말했다. "뭐? 이 소음 속에서 귀뚜라미 소리를 들었어?" 원주민은 잠시 주의 깊게 경청한 다음, 길 건너편으로 걸어가 관목이 자라고 있는 큰 시멘트 화분에서 작은 귀뚜라미를 찾아냈다. 그러면서 원주민은 초인적인 청력을 가졌다고 놀라는 친구에게 자기가 귀뚜라미 소리를 들은 이유를 설명했다. 그는 자기 주머니에 손을 넣고 동전 몇 개를 꺼내서 조심스럽게 보도에 떨어뜨렸다. 그러자 그 잡다한 소음 속에서도 20피트 안에 있는 모든 사람이 고개를 돌려 보도에서 딸랑거리며 떨어진 돈이 자기 것인지 확인하려고 돌아보는 행동을 보게 되었다. 돈에 관심이 많은 사람은 소음 속에서도 돈 소리는 듣는다는 일화다. 필자는 진정한 기독교인은 광화문 소음 속에서도 귀뚜라미 소리처럼 하나님의 음성을 듣고 따르는 사람이라고 생각한다.

필자에게는 매일 군중이 늘어나는 집회를 알리는 유튜브를 보내오는 1960년대의 제자가 하나 있다. "집에서 조용히 기도하지 어쩌자고 광장에서 싸우느냐?"라고 했더니 "하나는 주사파 종북주의자이고, 또 하나는 자유민주주의자들인데 싸워서 없애야지요."라고 했다. 사랑도, 용서도, 희생도, 섬김도 없는 기독교인의 목소리였다. 신앙의 거장 여호수아는 하나님이 약속하신 가나안 땅에 들어가려고 여리고 앞에 이르렀을 때 한 사람이 칼을 빼고 길을 막았다는 성경 말씀을 기억한다. "너는 우리를 위하느냐 우리의 적들을 위하느냐?" (수 5:13)라고 여호수아가 네가 죽지 않으면 내가 죽는다고 우군과 적군을 가리고자 할 때 "나는 여호와의 군대 장관이다"라는 음성을 듣고 여호수아는 얼굴을 땅에 대고 엎드렸다. 우군도 적군도 아닌 하나님이 보낸 사자의 음성을 들은 것이다.

광장의 소음 속에서도 하나님의 음성을 듣는 믿음의 용사가 있었으면 한다. 요즘은 '승자 독식의 헌법에서 권력 분산형 헌법으로 입법을 서두르자'라는 목소리가 들린다. 이것은 진보도 보수도 아닌

제3의 목소리다. 하나님의 음성인지도 모를 일이다.

- 장로신문 [시론], 2025. 3. 18.

대한민국을 구하소서

하나님 아버지, 우리는 지금 대지진과 대홍수로 길을 잃고 표지판도 없는 미로에 서 있습니다. "두려워하지 말라 내가 너와 함께 함이라 놀라지 말라 나는 네 하나님이 됨이라"라는 말씀을 들려주시기를 빕니다. 12월 3일, 대통령의 비상계엄 선포는 6시간여 만에 종료됐지만, 국회는 대통령 탄핵으로 요란하고 군중들은 거리를 메우며 아우성칩니다. 세계 10위권의 국력을 가진 대한민국 대통령이 그동안 국제무대를 누비고 공항에서 환대를 받으며 국위를 선양하더니, 전시도 아닌데 왜 그런 실수를 했을까요? 원조받던 나라가 원조하는 나라로 변해 세계가 부러워하는 국가를 이룩했는데 전시도 아닌 이때 대통령이 무슨 일입니까? 세계의 화약고인 이북을 옆에 두고 너무 두렵습니다.

주님이시여, 이런 위기 상황에는 여야가 합력해 위기를 극복해야 하는 것이 아닙니까? 단시일에 세계가 주목하는 민주국가를 이룩한

국민의 대표인 국회의원들은 이 시국에 국제적인 망신을 회복하고 이 나라를 안정시킬 방도를 찾아야 하는 것이 아닙니까? 그런데 국회는 대통령 탄핵을 두고 여야가 싸우는 모습을 생중계로 세계에 내보냈습니다. 마치 치매로 머리에 꽃을 꽂고 길거리의 대중 앞에서 노래를 부르는 어머니를 숨기려고 하지는 않고 "우리 어머니 봐라!" 하고 큰소리로 손가락질하는 것 같아 너무 부끄럽습니다. 주께서 우리의 영적인 대통령이 되어 주십시오. 병자를 찾아가 율법을 내세우는 바리새인들을 꾸짖으며 병을 고쳐 주시며 제자들에게 "너희도 이렇게 세상에 나가 행하라"라고 하셨습니다. 몰려든 3천여 명의 군중에게 먹일 것을 걱정하는 제자를 보고 "너희가 먹을 것을 주어라" 하시며 그들에게 떡과 고기를 나누어 주시고 남은 걸 거두라고 말씀하셨습니다.

주여, 800만이 넘는 기독교인이 지금 마음을 합해 나라를 위해 기도할 수 있게 하소서. 이제 지도자의 큰 실수는 사법부에 맡기고 우리에게 이 난국을 극복할 수 있는 지도자를 속히 달라고 기도할 수 있게 하소서. 권력과 명예와 부귀는 한순간의 신기루입니다. 이를 탈취하고 누리려고 피나게 다투지 않게 하시고, 성숙한 민주 시민으로 영원을 바라보며 꿈을 꾸는 우리가 되게 하소서. 예수 그리스도의 이름으로 기도합니다. 아멘.

- 장로신문, [금주의 기도], 2024. 12. 17.

수학자가 보는 천국

예수를 믿게 된 필자는 한남대학에서 수학을
공부하게 되었다. 집합론을 배우게 되었는데, 나는 여기서 수학이
셈을 하는 실용적인 학문이 아니고 오히려 철학에 가깝다는 것을
처음으로 알게 되었다. "집합이란 분명하고 뚜렷이 구분되는 총체적
으로 받아들일 수 있는 인식의 대상, 이른바 원소들의 모임을 말한
다"라고 집합을 어렵지만 퍽 '순진한(naive)' 정의를 하고 있다. 더 설
명하기를 집합은 원소들을 모아 놓은 것인데 그 원소가 집합에 들
어 있는지 아닌지를 알 수 있어야 하고 집합 속에 있는 두 원소를
꺼냈을 때 그 두 원소가 같은지 틀린지를 알 수 있도록 정의되어 있
어야 한다고 했다. 이런 수학 자체는 평소 내가 생각해 온 수학이
아니었다.

수학자 칸도어(Georg Cantor, 1845~1918)는 집합론을 만든 사람인데
자기가 정의(定義), 정리(定理)를 만들고 증명하곤 했다. 그러면서 집

합에는 그 속에 있는 원소의 개수가 무한한 무한 집합이 있다고 주장했다. 당시에는 무한은 하나님의 영역에 속하기 때문에 터부시 되고 감히 '영원'이라는 단어를 쓸 수도 없는 때였는데 그는 무한을 손으로 주무르며 무한은 존재하며, 무한도 어떤 무한이 더 큰지 조사할 수 있다고 말했다. 여기서 그는 많은 물의를 일으켰다. 그 집합에 속해 있는 원소의 개수를 그 집합의 '기수(基數)'라고 하는데 자연수 N={1, 2, 3, 4, …}의 기수를 최소의 <초한수>라 하고 직선상의 모든 점 집합의 기수를 <연속체의 기수>라고 했다. 그는 어떤 무한이 더 큰가를 알아내는 방법을 다음과 같이 설명했다.

10밖에 셀 수 없는 원시인은 10보다 큰 수는 무한이다. 그 원시인에게 50마리의 양과 52마리의 오리는 다 무한이다. 그가 어느 쪽이 더 큰 무한인가를 어떻게 알아낼 수 있는가? 양 한 마리와 오리 한 마리를 짝지어 우리에서 밖으로 내보내면 남은 쪽이 많다는 것을 알 수 있다고 했다. 이같이 크기를 비교할 때는 세는 것보다 비교하는 것이 앞선다. 이 원리를 이용해 그는 모든 무한집합의 크기를 비교했다. 짝수, 홀수, 유리수, 자연수는 다 크기가 같다고 증명했다. 그리고 그는 최소의 초한수보다 크고 연속체의 기수보다 분명히 작은 기수를 가진 집합이 있다는 증명을 하려다 실패하고 말년에 우울증에 걸려 1918년에 세상을 떴다.

요즘은 원시인처럼 모른다고 생각한 신비한 세상이 계속 과학으로 그 베일이 벗겨지고 있다. 교황청은 종교재판으로 막으려 했지만, 천동설은 지동설로 바뀌고 지금은 하나님이 창조한 우주를 인간이 탐색하고 있으며, 태양계의 한 행성인 지구의 나이는 어떻게 되며, 인간은 언제부터 이곳에 살게 되었는지 밝히고 있다. 그럼, 신은 신비의 베일이 벗겨질 때마다 구석에 몰려 그 설 자리를 잃고 물러나는 것일까? 아니다. 인간은 자기가 아는 것만 알고 알 수 없는 것은 알 수 없으므로 모든 것을 알 수 있다고 말할 수 없다. 그래서 아직도 베일에 숨겨진 하나님의 신비를 알아내기란 요원하다.

위대한 과학자 뉴턴은 자기는 아직도 발견되지 아니한 큰 대양이 자기 앞에 누워 있는데 자기는 매끄러운 조약돌이나 보통 것보다는 더 예쁜 조개껍질을 찾으며 기분 풀이를 하고 사는 어린애와 같다고 과학자인 자기를 비유했다. 수학이나 과학으로 영원 속에 계시는 하나님을 증명할 수 없다. 또 위협할 수도 없다. 성경에는 "대답하여 이르시되 천국의 비밀을 아는 것이 너희에게는 허락되었으나 그들에게는 아니 되었나니(마 13:11)"라는 말이 있다. 〈너희〉가 누구인가? 믿는 자(복음을 받아들인 자)이다. 천국의 비밀은 믿는 자에게만 주어진다. 그런데 요즘, 〈너희〉는 줄어지고, 〈그들〉만 늘어나고 있는 게 걱정이다.

- 장로신문, [논단], 2024. 10. 2.

크리스천의 바른 휴가

바야흐로 휴가철이다. 자영업자는 휴가가 없다. 그러나 한국 직장인들의 근무 시간은 OECD 연평균보다 199시간이나 길다고 한다. 그러니 내게 휴가가 주어지면 가능한 한 자연의 품으로 떠나는 게 좋다. 하나님께서 여섯째 날 천지창조를 마치시고 "모든 것을 보시니 심히 좋았더라."라고 하신 대자연이다. 휴가의 기회가 있으면 무조건 떠날 일이다. 크리스천은 더욱 그렇다. 직장에서 5일간 시달리고 주일에는 또 교회에서 봉사하느라 심신이 피곤해진 상태이기 때문이다. 떠날 때 성경, 찬송은 필수라고 무거운 짐 속에 넣고 가도 되지만 불신자와 단체 행동을 할 때 시도 때도 없이 책을 꺼내어 기도하고 앉아 있으면 역전도와 꼴불견이 된다. 기도는 그렇게 하는 것이 아니다. 다음과 같은 이야기가 있다.

어떤 농부가 너무 가물어서 소리를 내어 울면서 비를 내리게 해달라고 기도했다. 그리고 들로 나가려고 했을 때 집에 있던 어린애가 아버지에게 우산을 갖다 드렸다. "웬 우산이냐?" 이때 "아버지, 비가 오게 해 달라고 기도하지 않으셨어요?"라고 아들은 말했다고 한다. "허 참. 그것은 그냥 기도지. 이 날씨가 어디 비가 오게 생겼냐?" 하고 아버지는 그냥 나갔다는 말이 있다. 이런 의례적인 기도를 크리스천은 단체 행동에서 삼가야 한다. 다만 크리스천이 지나간 지리에는 버린 쓰레기가 없어야 하고 남이 버린 쓰레기까지 수거하는 흔적을 남겨야 한다. 또 이런 이야기도 있다.

옛날 전보가 가장 빠른 통신 방법이었을 때, 한 젊은이가 전보를 보내는 통신원 자리를 찾고 있었다. 지금은 전화, 핸드폰 등이 많아 전보를 모르는 젊은이도 많을 것이다. 그런데 1950년대에 신문의 광고에 적혀 있는 주소를 따라 젊은이는 한 사무실로 갔다. 건물에 들어서서 그는 크고 넓은 대기실에 도착했는데, 그곳은 소음과 말소리와 전보 치는 소리로 매우 소란한 곳이었다. 접수처 카운터에는 소정 원서에 필요한 내용을 다 기록해 제출한 후, 안쪽 사무실로 들어오라는 명령이 있기까지 기다리고 있으라고 쓰여 있었다. 젊은이는 원서를 다 쓴 뒤 대기소에서 일곱 사람의 다른 지원자와 함께 앉아 있었다. 몇 분 후, 그 젊은이는 일어서더니 방을 가로질러 안쪽 사무실로 들어갔다. 얼마 안 되어 사장이 그 젊은이를 데리고 사무실 밖으로 나와 다른 지원자들에게 말했다.

"신사 여러분, 와 주서서 감사합니다. 그러나 이제 빈 자리는 채워졌습니다."

다른 지원자들은 서로 불평하기 시작했다. 드디어 한 사람이 말했다.

"사장님, 이건 이해가 안 됩니다. 그는 맨 나중에 온 사람입니다.

그리고 면접을 요청받은 바도 없습니다. 그런데 취직이 된다니요. 이건 불공평합니다."

사장은 말했다.

"미안합니다. 그러나 여러분이 앉아 있는 동안 내내 전신기는 계속 다음과 같은 내용으로 송신하는 소리를 내고 있었습니다. '만일 이 내용을 이해하면 안으로 들어오시오. 자리는 당신의 것입니다.' 그러나 당신들은 아무도 이 전신 부호를 이해하지 못했습니다. 이 젊은이만 이해했습니다. 그래서 그 자리는 이 젊은이의 것입니다."

우리의 기도는 형식으로 하는 것이 아니고 소음 속에 하나님의 음성을 듣는 작업이다. 자연 생태계 파괴로 폭우가 쏟아져 집을 잃고 생활 수단이 망가져 망연자실한 이웃을 차마 볼 수가 없다. 거기다 국내의 요란한 정치 소음은 정치, 경제, 군사적으로 세계에 6위에 해당한다는 우리나라의 운명을 백척간두에 세우고 있다. 그래서 과연 크리스천이 이 순간 하나님께 기도하며 진리의 음성을 들으면서도 이 휴가철에 크리스천이 한가하게 휴가를 즐길 수 있을지 그것이 문제다.

- 기독교신문, [정론], 2024. 7. 28.

기독교 노인 세대에 바라는 소원

다음과 같은 일화가 있습니다.

어느 밤은 한패의 도적들이 보석상을 덮쳤습니다. 그러나 그들은 물건을 훔치는 대신 가격표를 다 바꾸어 달아 놓았습니다. 다음날이 되자 사람들은 어떤 것이 진짜 값이 나가고 어떤 것이 싸구려인지 구별할 수가 없어졌습니다. 값비싼 보석이 갑자기 싸구려가 되고 실제로는 값도 나가지 않는 인조 보석이 갑자기 비싼 물건이 되었습니다. 고객 중 자기는 매우 값진 것을 샀다고 생각한 사람은 가짜를 샀고, 너무 비싸 값싼 물건을 산 사람은 귀한 보석을 안고 상점을 떠났습니다.

지금 우리도 이런 가치관의 혼란 속에 살고 있습니다. 어떤 사람은 북한 동포를 감싸 안아야 한다고 하고, 또 어떤 사람은 퍼주면 나라가 망한다고 합니다. 어떤 사람은 우크라이나를 도와야 한다고 말하고, 또 어떤 사람은 도우면 결국은 그 나라의 전투에 나설 젊은

이만 죽이는 일이라고 합니다. 어떤 사람은 범죄자도 대통령이 될 수 있다고 말하고, 또 어떤 사람은 광장의 목소리만 뭉치면 외고집 대통령도 탄핵해서 물러나게 할 수 있다고 합니다. 노조 파업은 힘없고 가난한 노동자를 돕는다고 말하고, 또 어떤 사람은 노조 때문에 기업이 망하고 해외로 떠난다고 말합니다. 무엇이 옳을까요?

성경에는 "빛이 어두움에 비치되 어두움이 깨닫지 못하더라"(요 1:5)라는 말이 있습니다. 빛과 어두움은 너무나 대조적입니다. 그래서 삼척동자도 빛을 어두움으로부터 구별하지 못하지는 않을 것입니다. 삶과 죽음, 의인과 죄인은 너무나 대조적인 용어입니다. 그런데 어떻게 어두움이 빛을 깨닫지 못했을까요? 여기서는 제삼자가 이 둘을 구별하지 못한 것이 아니고 어두움이라는 주체가 빛이라는 객체를 깨닫지 못한다고 말하고 있는 것 같습니다.

지금까지는 어두움뿐이었습니다. 자기가 전체였습니다. 그는 정복하지 못한 게 없었습니다. 그는 승승장구 권력도, 탐욕도, 명예도, 돈도, 여자도, 집도 자기가 원하는 것은 다 가질 수가 있었습니다. 어두움 속에서는 장님이 길을 걷듯 보이는 게 없었으므로 온갖 일들이 마음대로 이루어지고 있었습니다. 그런데 빛이 그 어둠 속에 나타난 것입니다. 광야에서 외치던 세례 요한은 그 빛이 하나님과 타락한 인간을 화해시킬 예수 그리스도라고 말했습니다. 어두움 가운데서 나오는 길은 옳고 그름이 분명한 빛을 받아들이는 것입니다. 우리 고령(시니어) 세대의 기독교인은 6·25를 극복하고, 가난과 병마를 신앙으로 이기며 새벽마다 무릎 꿇고 힘든 가족과 분단된 나라와 세계 평화를 위해 기도한 사람들입니다. 그들은 의에 주리고 목마른 자들에게 복을 주시는 구주 예수 그리스도와 그의 부활과 50

일 만에 마가의 다락방에 모인 성도들에게 성령을 부어주어 복음을 들고 세상에 흩어지게 한 것을 믿는 자들입니다. 그들은 무엇이 참이고 거짓인지를 깨닫게 하는 빛을 들고 흩어진 사람들이었습니다.

우리나라는 초고령 시대에 접어들어 자기들보다 많은 인구를 2030 세대가 책임지고 살 수밖에 없는 때가 되었습니다. 그런데 노인들이 그들에게 아이폰 어떻게 쓰는지, 카톡은 어떻게 하는지, 유튜버들의 동영상은 어떻게 옮기는지, 그런 것만 배워서 소일하면 되겠습니까? 그들은 AI에게 묻고 어려운 일은 로봇에게 맡기고 규제와 구속을 싫어하는, 프리랜서 스타일의 젊은이들입니다. 성령 강림일(5/19)을 지내면서 빛 속에 살아온 기독교 노령 세대만이라도 교회에 나가 마루만 두들기다 오지 말고 진리의 지렛대를 가지고 세상에 나가 의를 위하여 박해를 받는 자가 복을 받는 그런 꿈과 비전을 제시하는 꼰대 아닌 참 어른, 기독교인이 되어 살다 천국에 가면 안 될까요?

- 장로신문, [오피니언리더], 2024. 6. 4.

모이면 죽고 흩어지면 산다
- 총선 후 드리는 기도

      주님, 세계가 매우 요란합니다. 이스라엘과 하마스, 이란, 우크라이나와 러시아의 대립, 거기다 북한은 우리나라를 자기네와 상관이 없는 대한민국이라고 부르며, 주적이라고 핵, 미사일로 우리를 위협하고 있습니다. 그런 가운데 지난 4월 10일 우리나라는 국회의원을 뽑는 총선을 치렀습니다. 저는 백척간두에 서 있는 심정으로 제발 나라의 장래를 걱정하는 국회의원이 뽑히게 해 달라고 하나님께 간절히 기도했습니다.

    어떻게 해서 세워진 나라입니까? 하나님의 은혜로 상상하지 못한 방법으로 일제의 속박에서 벗어났습니다. 6·25 전쟁의 참화 속에서 주께서는 우리를 구해 주시고 가난, 병마, 문맹, 무속 신앙에서 눈 뜨게 해주시더니 예수 그리스도를 구주로 믿는 인구가 1980년대는 절정에 이르도록 해주셨습니다. 드디어 지금은 세계 10위권의 경제

대국이 되었습니다. 그런데 선거 결과는 세 번째 총선에도 여소 야대의 국회의원을 배출했습니다. 승자는 '국민의 눈높이'를 알고 선거 공약을 외쳤기 때문이라며 국민에게 약속한 '전 국민 25만 원 민생회복지원금'을 지급해야 한다고 외칩니다. 패자는 '국민의 눈높이'를 살피지 못했다고 당선자들이 90도로 몸을 굽혀 사죄했습니다. 어떻게 하겠다는 사죄의 몸짓입니까? 당선된 국회의원 중 80명은 기독교 신자라는데 교만한 승자나 비굴한 패자 사이에 주님을 향한 진리의 목소리는 안 들립니다.

노아의 홍수 이후 인류는 다시 모여 탑 꼭대기를 하늘에 닿게 하자 하고 바벨탑을 세웠습니다. 그때 여호와께서는 어떻게 하셨습니까? 그들을 온 지면에 흩어 놓으셨습니다. 예수님 부활 후 50일 되는 날에 제자들이 마가의 다락방에 모였을 때 하나님은 그들이 다 성령의 충만을 받게 하시고 각각 다른 방언을 하게 하시더니 그들을 제 고향에 내보내 복음을 전하며 예수님처럼 본을 보이고 살도록 흩어 놓으셨습니다.

모여서 아우성을 칠수록 그것은 '소음'이 되고 소음은 진정 보아야 하는 '신호'를 삼켜 버립니다. 오! 주님, 이때 주의 음성을 듣게 하소서. 주께 매달려 기도하게 하소서. 흩어져 있는 1천만의 기독교인이 기도하게 하소서. 교회가 교인을 모아놓고 성경을 가르치며, 새벽 기도 하며, 철야 기도 하며, "…하여주시옵소서" 하고 모이기만 힘쓰지 말고 세상에 흩어져 복음을 전하고 빛과 소금의 역할을 하게 하소서. 보이는 물질은 잠깐이요, 보이지 않는 것이 영원한 것임을 당선자들이 깨닫게 하소서. 나라를 위한 제 기도와 투표는 25만 원 주겠다는 물질적인 총선 공약인 '국민의 눈높이'에 함몰되어 버렸습니다.

주님, 이 혼란스러울 때 의사들은 행정부가 의대 입학정원 증가를 백지화하지 않는다고 환자를 외면해서 암 환자들은 '응급실 뺑뺑이' 돌기를 하며 괴로워하고 있습니다. 지금은 뭉칠 때가 아니라 흩어져 세상으로 나가 각자 자기의 소명에 충실할 때입니다. 하나님의 '신호'를 숙고하며 찾아볼 때입니다.

주 하나님, 저는 다윗이 시편 35편에서 하나님이 자기를 괴롭히는 자들을 저주해 달라는 시를 썼던 것처럼 주님 앞에 나를 불안하게 하는 '소음'을 그치게 해 달라고 호소하는 저주의 기도문을 쓰고 싶습니다. 그러나 이제 주님의 은총을 힘입어 '내 영혼이 여호와를 즐거워하여 주님의 구원을 기뻐하겠습니다'라고 주께 매달립니다. 큰 그림은 하나님의 손안에 있으며 우리의 안위는 주님만이 아시오니, 주여! 긍휼을 베푸소서. 이 나라를 구원하소서.

- 장로신문, [오피니언리더], 2024. 5. 7.

주의 제자 되도록 훈련받는 시기

어려서 예수를 돌본 아버지는 목수 요셉이었고, 어머니는 마리아였다. 예수는 30세가 되기까지 목수로서 일했다. 그 뒤 그는 갈릴리로부터 요단강에 이르러 요한에게 세례를 받았고 성령에게 이끌리어 마귀에게 '40일'간 시험을 받은 뒤 지상에서의 사역을 시작하였다. 유대, 갈릴리, 베뢰아 등에서 말씀을 가르치며, 중풍병자, 소경, 문둥병자를 고치시고 죽은 자를 살리는 등 많은 이적도 행하셨다.

'하나님이 천지를 창조하시고 자기의 형상을 닮은 사람을 만들어 에덴동산에 두었는데 인간이 말씀을 불순종한 죄를 범하여 지상으로 추방되었다. 그런데 하나님은 이런 사람을 끝까지 사랑하사 독생자 예수를 지상에 보내어 십자가에 죽어 제물이 되게 함으로 인간을 죄에서 자유롭게 하여 다시 하나님과의 관계를 회복하시고자 한다.'

이것이 예수 공생애에 말씀 선포의 주제였다. 그런데 군중들은 이런 예수의 복음을 믿고 얽매인 죄에서 해방이 되었는가? 예수는 "내가 아버지에게서 나와 세상에 왔고 다시 세상을 떠나 아버지께로 가노라"라고 말했는데 제자들마저 제대로 예수를 믿지 않은 것 같다. "주는 그리스도시요 살아 계신 하나님의 아들이시니이다."라고 고백한 베드로도 막상 그리스도가 십자가에 돌아가시는 순간에는 제자들과 함께 도망처 버렸다. 그러나 무덤에 묻힌 지 사흘 만에 예수님이 부활하여 '40일' 동안 세상에 다니시며 마가의 다락방에 모인 제자들에게 나타나 성령을 부어 줄 때는 그들이 다 성령의 충만함을 받고 각 나라 방언으로 말하게 되었다. 이때 베드로가 "예수 그리스도의 이름으로 세례를 받고 죄 사함을 받으라" 하니 이날 신도의 수가 3천이나 되었다. 그 뒤 성령 충만한 제자들은 세계 각국으로 흩어져 복음을 전하게 되었다. 예수를 형식적으로 추종하기만 하고 궁극적으로는 도망치던 제자들이 부활 사건으로 예수가 하나님의 아들임이 확실해지자, 변화되고 주를 위해 순교까지 하게 된 것이다. 하나님의 아들임이 확증된 이 부활 사건을 더 깊이 묵상하고 교회 공동체(에클레시아)로 살기 위해 지금 우리는 예수 부활 전 40일 간을 사순절로 지키고 있다.

우리나라 교회들이 지키는 사순절은 대개 다음과 같다. 성찬식과 세례식, 성경 통독, 성경 묵상과 필사, 전교인 특별 새벽 기도회 또는 철야 기도회, 금식하거나 금식 헌금으로 어려운 이웃 돕기, '영혼 사랑' 전도대회 등. 대부분 교인을 교회에 불러들이는 종교의식 중심이다. 미국은 행사 중심보다는 교인들 각자가 집에서 지키는 것들을 많이 강조하는 것 같다. 극장, 오락장, 식당, 카페 출입을 삼간다. TV

시청, 핸드폰 사용 자제, 말씀 묵상, 기도, 찬송에 힘쓰기 등 교회 출석 강요보다는 통속적인 사생활의 절제를 권하고 있다.

필자는 사순절에 남수단에서 복음을 전한 이태석 신부를 생각한다. 그가 대장암으로 세상을 떠난 10년 뒤 그의 제자들은 본국에서 의사나 의대생, 국가 공무원 등으로 일하고 있는데 모두 이태석 신부처럼 살고 싶어 한다고 한다. 이태석 신부는 현지에서 교회를 세우지 않고 예수님처럼 살았다. 복음을 전한다는 것은 바로 복음 자체인 예수를 전하는 일이다. 이태석 신부를 따라 의사가 된 분들은 환자를 보면 먼저 청진기를 대기 전 손을 잡고 따뜻한 이야기를 했다고 한다. 왜 그렇게 하느냐고 물었을 때 이태석 신부가 그렇게 했다는 것이다. 이 신부는 얼마나 사명감에 불타는 주님의 종이었는가? 우리도 이 사순절이 1천만 기독교인이 세상에 나가 이렇게 본을 보임으로 세상 사람들을 명예, 권력, 물질에 혈안이 되지 않고, 거짓말하지 않고, 남을 용서하고 사랑하는 사람으로 변화시킬 수 있는 주의 제자가 되도록 훈련받는 시기가 되기를 소망한다.

- 장로신문, [사설], 2024. 3. 19.

거짓말을 하지 말자

새해 2024년이 밝았다. 이 한 해는 어떻게 하면 모두에게 화평한 한 해가 될 것인가를 생각한다. 화평보다는 검은 구름이 덮쳐 오고 있다. 이북은 우리를 '주적'이라고 부르고 전쟁도 불사하겠다고 한다. 이렇게 극동은 전쟁의 위협 속에 있으며, 동유럽의 러시아와 우크라이나는 끝이 안 보이는 전쟁으로 이제 피로가 쌓이며, 이스라엘과 하마스의 전쟁은 확대일로다. 또한, 올해는 세계의 인구 42억 명이 76개국에서 선거를 치르는 '글로벌 선거의 해'라고 한다. 따라서 나라마다 길거리에 나와서 외치는 인간들의 아우성으로 소음과 폭동과 무질서가 지구 전체를 뒤덮을 것이다. 어떻게 하면 하나님의 창조 질서를 회복하고 화평을 누릴 수 있을까?

먼저 우리나라를 생각한다. 우리나라는 70세 이상의 인구가 20세 미만의 인구와 같아졌다고 한다. 앞으로 이 나라를 책임질 인구가 세상을 떠나야 할 인구와 같다니 놀라운 일이다. 지금 후세들에게 나라를 맡기고 떠날 70세 이상의 노인들은 어떻게 지내고 있는가? 무의탁 노인, 요양원의 도움을 받는 사람, 아니면 인상된 노인 연금을 받고 핸드폰으로 카톡을 즐기고 있는 부류가 대부분이다. 잠을 설치게 하고 보내온 카톡은 남의 이야기 전달, 흘러간 노래의 유튜브 방송, 가짜 뉴스의 생중계…. 나도 노인이지만 내 노인 친구들이 생각이라는 걸 하고 사는 것인지 궁금할 때가 있다. 나라에서는 출산 장려금을 대폭 인상하겠다지만 막상 젊은이들은 취직이 안 되고, 집세 낼 돈도 없는데 어떻게 애를 낳느냐고 한다. 또 여유가 있어도 힘들게 애를 기르고 싶지 않다고 한다. 농촌에는 인력이 부족해 외국인을 고용해야 하고, IT를 이용하여 '스마트 팜'을 운영해야 한다고 한다. 농작물 재배, 시설의 온도, 습도, 햇볕의 양, 토양 등을 분석하고 분석 결과에 따라 제어장치를 구동하여 농사를 짓는다. 이제 자기 땅을 가졌다고 좋아하던 농부는 간 데가 없고, 농부가 아닌 기업인이 넘겨받아 판매도 온라인 매장을 이용한다. 도시의 음식점도 노동자를 구할 수 없어 AI 로봇을 써야 한다고 한다. 대학은 지원자가 없고 취업률이 낮은 학과는 다 폐과되고 지방에서 입학한 학생들은 대학을 전공 과목은 뒤로하고 취직시험만 준비하는 학관처럼 만들고 있다. 옛날엔 교수들이 직장을 섭렵해 기업체에 들리면 "대학에서는 바른 가치관을 가진 인간을 양성해 보내주십시오. 직장에서 필요한 기능은 연수를 보내어 배워 오면 됩니다."라고 했는데, 지금은 직장에서도 공채는 없고 기능공만을 면접해서 특채하는 곳이 늘어나고 있다.

2024년은 '글로벌 선거의 해'이어서 광장의 함성과 각 정당의 물질

선심은 그치지 않을 것 같다. 그런데 냉정해야 할 유권자들마저 이성을 잃고 파당을 지어 가짜 뉴스를 퍼 날라서, 참과 거짓을 분별할 수 없게 만들고 있다. 바라기는 이 소음 가운데서 창조주가 던지는 세미한 '신호'를 분별할 수 있는, 생각하는 사람이 있기를 소망한다. 이 세상을 창조하시고 혼돈에서 질서를 가져오신 하나님을 믿는 800만 성도라도 먼저 각성하고 세상에 나아가 이성을 잃고 생각이라는 걸 할 줄 모르는 무리에게 이 한 해 동안 적어도 "거짓말을 하지 맙시다."라고 외치며 먼저 본을 보이고 가르쳐 행하게 했으면 좋겠다.

- 장로신문, [논단], 2024. 1. 23.

대림절 단상(斷想)

대림절에 우리는 무엇을 기다리는가? 2000여 년 전에 오신 예수님을 또 기다린다는 말인가? 그렇다. 기원전(BC)에 살던 아브라함의 후손들이 나라를 잃고 로마의 속국이 되어 메시아를 기다린 것 이상으로 지금 우리가 메시아를 기다린다. 하나님께 불순종하여 지상으로 쫓겨난 인간이 회개는커녕 오히려 타락하여 지상에 바벨탑을 높이 쌓고 있다. 범죄자가 호통을 치며 하늘을 향해 외치는 집단 소음은 창조자의 인간을 향한 안타까운 세미한 음성은 분별할 수 없게 하고 있다. 저출산 문제로 인한 의료 혜택으로 초고령화 시대가 되고, 지구 온난화로 인한 기상 변화로 지구가 죽어 가고 있다고 환경 단체가 외쳐도 각 나라는 약육강식의 집단 인간 본성을 버릴 수가 없다. 원자무기 확산 금지 협약을 맺었지만, 핵 보유국은 날로 늘어날 전망이다. 로마제국의 학정보다 구세주를 더 기다릴 때가 되었다.

팔레스타인과 이스라엘이 중동의 화약고라면 한국과 대만은 극동의 화약고다. 10대 강국이라는 타이틀보다도 우리는 주변의 잡음 속에서 우리를 향한 진리이신 하나님의 세미한 음성을 분별하고 행동해야 한다. 하나님이 인간의 육신을 입고 이 세상에 오셔서 십자가에 돌아가심으로 인류를 대속하시고 우리를 창조주 하나님과 화해하고 살게 하려고 예수 그리스도는 오셨다. 그래서 우리는 기원전으로 돌아가 성탄을 기다리는 것이다.

대림절에 예수님의 오심을 기다리면서 평신도들은 또 괴롭다. 교회에서는 대림절에 매주 네 개의 촛불을 하나씩 켜며 설교하고 매일 새벽 기도로 회개를 촉구하며 교회 뜰에는 커다란 크리스마스트리를 세워 교회가 여기 있다고 과시한다. 신도들은 교회의 대림절 의식에 매시간 동참하지 못해서 괴롭다. 어떤 교회는 트리 대신 10kg 쌀자루로 실내에 '쌀 트리'를 세우고 또 어떤 해는 '기저귀 트리'를 세운다. 그리고 크리스마스가 끝나면 주변의 어려운 이웃에게 쌀을 나누어 주고 힘든 산모나 '어린이집'을 찾아 기저귀를 가져다주는 운동을 한다는데, 그런 데라도 참여하면 좀 마음이 편할 것 같다.

앤소니 드 멜로의 책 『종교박람회』에는 '구루의 고양이'라는 이야기가 나오는데 인도의 성직자들이 저녁 기도를 올리는 시간이면 늘 떠돌이 고양이가 나타나 예배자들을 방해했다. 그루(인도에서 종교 지도자들을 일컫는 말)는 이 고양이를 묶어 놓으라고 시켰고, 고양이는 매일 기도 시간마다 묶여 있었다. 구루가 세상을 떠나고 나서도 저녁 기도 시간이면 고양이는 어김없이 묶여 있었고, 그 고양이가 죽자 다른 고양이가 대신 아슐람(힌두교 사원)에 붙들려 들어와 묶였다. 몇 세기 뒤 구루의 제자들이 유식한 논문들을 썼다. 주제는 '본격적으로 수행되는 모든 예배에 있어서의 고양이의 필수적인 구실에 관하여'라는 것이었다고 한다. 교회가 의식에 얽매이면 이처럼 어처구니없는 일을 할 수도 있다. 대림절도 전통적인 의식을 중요시하는 것보다 오신 주님의 참뜻을 평신도들과 공유했으면 한다.

- 장로신문, [장로발언대], 2023. 12. 12.

교회 목사를 넘어 지역 사회 목사로

2023년 7월은 필자의 교회가 창립한 지 71주년이 되는 해다. 따라서 이 한 달 동안은 우리는 '교회 창립 71주년 생명의 강물 프로젝트'로 주말 토요일에는 교회가 속한 대덕구청과 협업하여 '사랑의 집수리 사역'을 하기로 했다. 교회에서 1천만 원이라는 큰돈을 구청에 위탁하고 교회의 봉사자들이 나가 취약한 지역 주민의 삶을 직접 도와주는 일은 전례에 없었다. 인테리어업을 전문으로 하는 교인이 자원하고 자원봉사를 희망한 분들이 이제는 교회에만 갇혀 있는 것이 아니라 어려운 이웃을 찾아 나서게 된 것이다.

덥고 비가 많은 7월에 웬 봉사활동? 시원한 가을에 하면 안 돼? 우리는 한 푼을 아껴 헌금했는데 1천만 원이나 되는 큰돈을 그렇게 써도 돼? 이건 교회에서 흔히 쓰는 말로 '마귀의 계략'이라고 생각하고 양들을 이끄는 교회의 목자가 교회 창립을 맞아 목표를 세우고 지팡이를 들었으면, 그 지팡이의 방향을 따라 기쁨으로 '사랑의 집수리 운동'에 동참하는 일은 귀한 일이라고 생각한다. 이외에도 또한, 창립 월 셋째 주일에는 적십자사의 헌혈 버스가 교회에 와 있으니 이 '생명 살림 헌혈'에도 많이 동참하라고 했는데 이것 또한 귀한 일이다. 그러나 이 생각들은 교회의 목사가 아니라 평신도들의 아이디어로 비롯되었으면 한다.

교회의 개척, 교회 성장, 전도왕 배출, 성경 필사, 진학 및 취직을 위한 철야 기도회 등도 중요하다. 그러나 이것들에 앞서 주님의 나라와 그의 의를 먼저 구하는 것이 중요하지 않을까?

인류를 구원하시기 위해 세상에 육신을 입고 오신 예수님이 우리를 구속하기 위해 고난받고 돌아가신 후 부활하여 다시 오셔서 오순절에 성령을 부어 주시고 각 나라에 흩어져 나아가 주께서 분부한 모든 것을 가르쳐 지키게 한 것처럼, 교회의 사명은 모여서 성령을 받고 흩어져 세상에 나가 빛과 소금의 역할을 해야 한다고 생각한다. 기독교인이 하나님과 동행하여 순종하는 삶을 살며 그 은혜를 누리고 살았으면 이제는 섬기는 삶, 즉 생명의 강물을 세상에 흘려 내려보내야 지상에서 함께 하나님의 백성이 되어 천국의 기쁨을 누리는 삶을 살게 되는 것이 아니겠는가?

필자는 교인들이 죽어서 천국에 가고 하나님께 상 받는 꿈을 꾸러 교회에 나오지 않고 교회에서 말씀으로 양육을 받으면, 마치 향수 공장에서 일하는 일꾼처럼 가정이나 직장에 나가면 그 몸에서 그리스도의 향기(고후 2:15)를 내는 그런 교인이 되어야 한다고 생각한다. 그래서 혼돈과 명예, 거짓, 권력, 소유욕으로 아우성치는 세상에서 천국을 향한 빛과 소금의 역할을 하여 주께서 맡기신 소명을 다하는 교인이 되는 것이다. 교회의 목사도 세상에 나가 '내 교회의 목사가 아니라 지역 사회 주민 모두의 목사가 되었으면 한다. 또 교인 하나하나가 지역 사회의 어려운 사람을 찾아가 선한 사마리아인이 되었으면 한다. 이것이 육으로는 살아 있으나 영으로는 죽어 있는 영혼을 살리고 이 지상에서 함께 천국 백성으로 사는, 천국을 이 지상에서 체험하며 사는 길이라고 생각한다.

- 장로신문, [장로발언대], 2023. 8. 1.

코로나 이후의 사순절

사순절은 부활절을 앞두고 사색과 준비의 시간으로 한국 기독교인을 비롯한 전 세계 기독교인들이 지키는 시기이다. 다음은 한국 기독교인들이 사순절을 보내는 방법에 대한 몇 가지 제안이다.

1. 기도와 금식: 사순절을 지키는 한 가지 방법은 기도와 금식이다. 한국 기독교인들은 기도와 성찰을 위해 매일 특정한 시간을 정할 수 있고, 자기 수양을 실천하고 하나님께 더 가까이 다가가는 방법으로 특정 음식이나 활동을 금하는 것을 선택할 수 있다.

2. 교회 예배 참석: 많은 교회에서 재의 수요일 예배 및 (주간 '십자가의 길'을 포함하여) 사순절 동안 특별 예배를 제공한다. 이러한 예배에 참석하는 것은 한국 기독교인들이 사순절과 그 의미에 대

한 이해를 심화하는 데 도움이 된다.

3. 성경 읽기: 사순절은 성경을 읽고 묵상하는 데 더 많은 시간을 할 애할 수 있는 좋은 시간이다. 한국 기독교인들은 사순절 묵상 또는 성경 읽기 계획을 선택하여 매일 성경 읽기를 할 수 있다.

4. 봉사 행위 실천: 사순절은 또한 다른 사람에게 돌려주고 봉사하는 시간이다. 한국 기독교인들은 지역 자선 단체에서 자원봉사를 하거나 교회와 함께 봉사 프로젝트에 참여하는 것을 고려할 수 있다.

5. 개인의 성장에 대한 성찰: 사순절은 자기 성찰의 시간이다. 한국 기독교인들은 사순절 기간 영적으로 성장해야 할 영역에 대해 생각하고 개인적 성장을 위한 목표를 설정하는 시간을 가질 수 있다.

전반적으로 사순절을 지키는 비결은 기도와 금식과 섬김을 통해 하나님께 더 가까이 다가가는 데 집중하고 사순절을 성찰과 성장의 시간으로 사용해야 한다.

윗글은 챗-GPT가 사순절을 맞아 한국 기독교인이 지켜야 할 내용을 말해 준 것이다. 하나님이 생기를 불어넣어서 만든 인간도 아닌, 그리고 가상 공간에서 막대한 지적 자료만 가졌다고 판단력도 의심스러운 그의 말을 우리가 따를 이유는 없다. 한국 교인은 유별나게 율법적이고 기복신앙이 심하며 교회 마당만 밟고 다니면 구원받았다는 생각을 하는 광신자들이 많다는 비판을 받고 있는데, 사순절에 대해 챗-GPT는 구태의연한 말을 하고 있다.

그러나 코로나로 3년을 지내고 난 우리 교인은 많이 변했다. 이유는 이제 한국인도 부유층이 주로 교회에 다니며 코로나 19의 새로운 시대를 경험하여 새벽 기도나 철야 기도를 철저하게 지키지 않는 교인이 많으며, 성경을 읽고 묵상하며 필사하는 것은 가식적인 행위라고 무시하며 적당히 헌금하고 구제하며 천국을 보장받은 하나님의 자녀라고 생각하고 사는 교인이 많아졌기 때문이다. 변증법적 논리일지 모르지만 이런 한국 교인에게 챗-GPT가 들려준 답은 어쩌면 과거와는 다른 차원 높은 새로운 경지의 사순절을 보내는 한 가지 방법이 될 수 있다.

명예와 권력과 사리사욕을 버리고, 혼돈에서 질서를 찾아 세상을 주관하시는 진정한 하나님을 예배하며, 철저히 육체를 입으시고 세상에서 하나님의 아들로 본을 보이고 우리 죄를 대속하고 돌아가신 주님의 삶을 돌아보며, 부활하시어 성령을 부어 주며 세상에 나가 하나님과 동행하는 삶을 살라고 천국 시민의 사명을 주신 그분을 묵상하는 데는 챗-GPT의 권고는 좋은 충고로 받을 수 있다.

말보다는 삶이 중요하다. 교회에 모여 성령을 받으면 각자 흩어져 받은 은사대로 세상에서 남을 섬겼으면 한다. 새봄을 맞아 집 안 청소를 하듯 말씀 묵상으로 내 영혼 청소를 하고 부활하신 예수님을 기다리는 사순절이 되었으면 한다.

- 장로신문, [사설], 2023. 3. 21.

현대 교회 갱신에 대한 제언

이것은 한평생을 살면서 교회 생활을 해 온 한 평신도가 포스트 코로나 팬데믹 시대를 맞아 교회 갱신에 대해 드리는 제언이다.

요즘 교회는 예배가 무너졌다며 여기저기서 온전한 예배를 회복해야 한다는 소리를 높이고 있다. 예배라면 낯익은 교인들이 교회에 모여 순서에 따라 찬송하고 기도하고 설교 듣고 헌금하고 축도로 마치는 것을 말하는데, 코로나로 비대면 예배로 바뀌니 수십 년 동안 지켜 온 예배 의식이 무너졌다고 말하는 것이다. 교회 조직은 그대로인데 코로나가 끝나 교회 집회가 허락되었는데도 교인들은 교회에 돌아오지 않는다. 3년 가까이 비대면 예배가 몸에 밴 교인들은 이제는 설교를 듣기 위해선 교회에 꼭 출석해야 한다고 생각하지 않게 되었다.

그뿐 아니라 한 교회에 교적(敎籍)을 둔 교인들은 한 목사 밑에 묶여 우물 안 개구리처럼 주일에는 타 교회에 가서 설교를 들어볼 수도 없었는데, 이제는 목사를 선택해서 집에서 설교를 들을 수 있게 되어서 무척 편한 것이다. 교회가 교인 모아서 설교하고 헌금 걷고, 돌려보내는 것이라면 굳이 교회에 갈 필요가 없다고 생각한 지도 모른다. 형식적으로 교회 땅만 밟고 성수 주일하고 교회에서 맡은 의무만 다하면 구원받고 천국에 가는 것이라면, 편하게 믿는 편을 택하고 싶은 것이다.

진정한 교회, 목사, 설교, 십일조, 믿음, 사랑 등이 무엇인지를 깊이 생각할 때가 되었다. 요즘은 양들이 그릇 행하여 각기 제 길로 가고 있으니 그들을 이끄는 목자가 큰일이다. 보이지 않는 하나님을 대신해서 보이는 하나님으로 이 세상에 육신을 입고 오셔서 우리를 대속하고 십자가에 돌아가신 예수님께 소명을 받은 참 제자가 목자이고 목사인데, 만일 목사가 대책 없이 "성수 주일 하라"고 교인들에게 교회 출석만 강요한다면 그것은 교인들을 길들여 쓰기 좋은 집짐승의 무리로 만드는 일이다. 그리스도께서는 우리를 자유케 하시려고 자유를 주셨는데 성도가 또 종의 멍에를 메서는 안 된다.

어떤 교회에서는 형식적으로 교회의 마당만 밟고 다니는 현대 교인들의 의식을 바꾸기 위해 '누림', '섬김', '살림'을 8주에 걸쳐 소그룹으로 세미나를 하고 수료증을 주기도 한다는데, 함께 생각해 보았으면 어떨까 한다. '누림'이 무엇인가? 교회는 장차 천국에서 하나님과 함께하기 위해 이 세상의 고통스러운 삶을 참는 곳이 아니다. 주님의 은혜로 황홀한 기쁨을 지상에서 '누리는 삶'을 사는 것이다. 쉽지 않다. 은혜 전에 먼저 범사에 감사해야 한다. 그래야 내 기도가 응답

받지 않더라도 주를 원망하지 않게 되고, 환난 가운데서도 승리를 주시는 하나님의 넘치는 은혜를 체험하게 된다. 그래서 그 은혜로 천상의 기쁨을 '누리는 삶'을 살게 되는 것이다.

'섬김'이란 무엇인가? 우리를 구원해 주신 주님의 은혜에 감사를 돌리고 싶은데 주는 십일조나 헌물을 원하지 않으신다. 주님이 오신 것은, 자기 목숨을 우리의 대속물(代贖物)로 주기까지 섬기기 위해 왔다고 말하며 오히려 우리에게 각양 은사를 주시며 남을 돕고 공동체를 "섬기라"고 하신다. 십자가에 달리기 전, 제자의 발을 씻으시며 이웃을 섬기는 본을 보이시기까지 했다. 그래서 풍성을 누린 만큼 남을 섬겨야 한다.

끝으로 '살림'은 무엇인가? 날마다 하나님의 은혜를 '누리고', 남을 '섬기는' 행복하고 복된 삶을 부러워하는 사람이 생길 때까지 그리하라고 주님은 말씀하신다. 부러워하는 이웃이 생기면 그때 "나와 같은 삶을 함께 살자"라고 권면해서 한 영혼을 얻으면 그것이 "예수 천당, 불신 지옥"이 아닌 참전도요 영혼을 살리는 '살림'이 된다. '누림', '섬김', '살림'의 삶을 사는 무리가 주 앞에 모여 주의 다스림을 받고 모든 어려움과 기쁨을 나누고 있으면 그것이 바로 지상의 낙원이며 천국이다.

이렇게 대한민국 백성들이 '누림', '섬김', '살림'의 삶을 살게 되면 하나님의 음성을 듣는 신호를 가려내는 영안(靈眼)이 생겨서 온전한 교회, 온전한 교인이 되어 무너져 가는 우리나라 온전한 우리 교회를 회복할 수 있으리라고 믿는다.

- 장로신문, [논단], 2022. 11. 22.

국민의 목소리와 하나님의 음성

국민과의 소통을 통해 국민의 뜻, 국민의 목소리를 분별해 듣고 국민에게 충성한다는 건 매우 어려운 일이다. 너무 목소리가 다양하고 집단 이기적이어서 분별하고 따르기가 어렵기 때문이다. 분노한 군중이 길거리에 나와 외치면 거기서 어떤 뜻을 찾아낼 것인가? 군중의 목소리는 그중 가장 저급한 지능 집단의 목소리라는 말도 있다. 지상의 음성이 아니고 하늘의 음성을 들어야 한다.

갑자기 러시아의 침공을 당한 우크라이나의 볼로드미르 젤렌스키 대통령은 그때 무슨 음성을 들었을까? 러시아의 우크라이나에 대한 표적 1순위가 대통령, 2순위가 그 가족이어서 모습도 드러내지 않던 그는 미국과 서방 각 나라가 망명을 권고하며 항공편을 제공하겠다고 했을 때, 그들을 향해 "나에게 필요한 건 도망갈 항공편이 아니라 더 많은 탄약입니다."라고 했다는 말이 있다. 그 순간 그는 하늘로부터 오는 신호를 보았다고 생각한다. 근 6개월짜리 새내기 대통령이라고 핀잔을 받았지만, 그 안에 사랑이 있었다. 그는 나토(NATO)에 가입하겠다고 말해서 러시아를 자극하여 분란을 일으켰다고 말했지만, 그는 진정 자유를 사랑하는 믿음의 소유자였다고 생각한다.

우리 기독교인은 지금 사순절 기간을 지키고 있다. 예수님이 부활하신 날까지 주일을 빼고 40일간 예수님이 고난을 묵상하며 금식, 절제, 기도 습관을 회복하려 하고 있다. 우리는 하나님을 배반하고 지상으로 추방된 죄인을 사랑하여 독생자 예수를 주시어 우리를 구원해 주신 하나님을 믿고 살기로 한 성도들이다.

그러나 세속에 물들어 다시 광음, 간음, 살인, 권력 투쟁, 편 가르기를 일삼는 속인이 되어 버렸다. 그래서 교회마다 사순절 기간에 오락을 금하고 특별 새벽 기도, 성경 통독, 성경 필사 등 각종 행사로 그리스도인의 영성 회복을 돕고 있다. 그러나 이것이 종교 의식이나 교회 행사에 그쳐서는 안 된다.

유대의 바리새인이 율법을 지키듯 마치 교회 행사에 빠짐없이 참석해서 구원을 받은 양, 노아의 방주에 앉아 물에 빠진 불신자를 불쌍히 여기는 위선자가 되어서는 안 되기 때문이다. "율법은 모세로 말미암아 온 것이라(요 1:17)"라고 성경은 말하고 있다. 율법을 지키는 행위로는 구원을 얻을 수가 없다.

기독교 대학에 봉직하는 교수마저도 이제는 대학에서 예수를 믿는 학생을 거의 볼 수 없다고 한다. 전국적으로 기독교 인구가 감소한 것은 굳이 통계를 들추어 볼 필요도 없다.

그러나 2021년 한국 갤럽 통계로는 종교를 떠난 사람이 25%인데 그 이유는 관심이 없어서(54%), 실망해서(19%)이고, 종교가 사회에 영향을 준다고 답한 종교인은 54%인데 무종교인의 답은 18%였다. 또한, 종교가 사회에 도움을 준다고 답한 개신교인은 80%인데 무종교인은 82%가 그렇지 않다고 대답했다.

이 말은 부모는 기독교인인데 그 자녀는 교회를 떠난 사람이 많고, 또 그 이유는 교회에 실망해서다. 이것은 우리나라가 해외 선교는 미국을 제외하고 제일 많은 인원을 보낸다고 자랑하면서 정작 자기 자녀들의 수직적 신앙 전수는 못한다는 뜻이다.

부모가 예수님 닮은 삶을 살지 못하고 있다는 뜻이다. 지금은 4차원 산업혁명 시대이다. 빅데이터, 인공지능, 로봇공학, 무인 운송 수단 등으로 기계가 인간을 대신할 시대가 되었다. 인간이 신을 대적하여 바벨탑을 다시 쌓고 있는 때가 된 것이다. 인간은 되도록 자기를 비워서 하나님의 음성을 듣고 우주를 창조한 그분의 질서에 순종하는 법을 배워야 한다.

유한한 인간이 무한한 세계에 계시는 하나님께 도전할 수 없음을 깨닫고 마가의 다락방에서 기다리던 70 문도처럼 성령의 강림을 기다려야 한다. 그리고 성령이 임하시면 권능을 얻고 세상으로 흩어져 나가 제사장의 사명을 다해야 한다.

코로나 19는 대형 교회와 교회 성장만 꿈꾸는 교회의 잘못을 꾸짖는 하나님의 채찍이다. 문밖에 서서 하나님이 문을 두드리면 순종하고 나가 예수님을 내 안에 영접하고 그분이 내 안에 사시면서 내 앞길을 인도하게 해야 한다. 이것이 하나님의 음성을 듣는 길이다.

- 장로신문, [특별기고], 2022. 4. 2.

3부

소설과 콩트

소설 - 장로 노이로제

안수집사인 김범인은 교회가 두 달 후에 장로를 뽑겠다는 광고를 하자, 갑자기 가슴이 뛰면서 머리가 아프고 현기증이 왔다. 이번에는 장로를 선출하는 방법을 달리해서 당회와 안수집사회 전원이 공천위원이 되어 장로 후보를 2배수로 공천하고 그 중에서 공동의회를 통해 일곱 사람만 장로를 뽑겠다는 광고였다. 투표에 앞서 공천위원회가 모였다. 공천하려면 어떤 원칙이 있어야 한다. 예수교 장로회 헌법에 따르면 장로는 '상당한 식견과 능력이 있고 흠이 없는 입교인(入敎人)으로 7년을 지나고 30세 이상이 된 자로서 디모데 전서 3장 1~7절에 해당한 자라야 한다.'로 되어 있다. 그런데 이 조항으로는 사람을 공천하는 데 너무 추상적이고 포괄적이다. 디모데 전서 3장 1~7절만 해도 그렇다. 선한 일을 사모하는 자, 책망할 것이 없으며 절제하며 신중하며 단정하여 나그네를 대접하며 가르치기를 잘하는 사람. ……

이렇게 되어 있는데 이것이 어떻게 구체적인 공천 기준이 되겠는가? 그래서 공천위원회에서는 이 문제로 왈가왈부하느라 많은 시간을 낭비하였다. 어떤 이는 잠언에 보면 "듣는 귀와 보는 눈은 다 여호와께서 지으셨다."라고 했으니 하나님께서 주신 귀와 눈을 가진 우리가 듣고 본 것을 통해 사람을 판단하면 된다고 말했다. 그러나 그것은 너무 주관적이어서 누구나 판단할 수 있는 객관적인 원칙을 가져야 한다고 말하는 사람이 생겼다. 그러자 한 나이든 장로가 뻔한 것을 뭘 그렇게 오래 논의하느냐고 말하면서 첫째, 주일을 빠지지 않고 거룩하게 지킬 것, 둘째 십일조 정직하게 낼 것, 셋째 새벽기도 열심히 할 것, 이것이면 충분하다고 말했다. 이에 대해 한 안수집사가 말했다. 이것은 다 행위에 관한 것인데 하나님께서는 믿음을 보시지 행위를 보시느냐고 말하며 그런 조항은 장로 후보자 선정의 기준이 될 수 없다고 말했다. 이런 선정 기준 때문에 공천위원회는 따로 토요일 오후를 잡아 저녁 식사를 하고 밤을 새워 토론했는데, 아무런 결론을 얻지 못했다.

목사가 거들었다. 이때까지 충분히 의견을 내고 논의했으므로 어떤 후보자를 원하는지 모두가 잘 알게 되었으리라고 생각한다고 말한 뒤 장로회 헌법에서 정한 장로의 자격을 추천의 원칙으로 하고 그때까지 논의한 것을 고려해서 후보자 선정을 하자고 제안했다. 모두 결론 없는 토론에 싫증도 났고 또 구체적인 사족을 다는 것보다는 그 원칙이 공동의회 앞에 공천위원회의 품위를 유지하는 데 오히려 낫겠다는 생각으로 그리하기로 하였다.

이 회의에 참석하고 온 김범인 안수집사는 권사로 있는 아내 박사라에게 이번 기회에 교회를 옮기는 것이 어떻겠냐고 말했다.

"그건 안돼요."라고 아내인 박 권사는 즉각 반대하였다. "이곳이 거우 우리 교회가 되었는데 안수집사와 권사가 되어 다른 교회로 옮긴다는 것은 말이 안 돼요. 그곳은 남의 교회 아니에요?"

그러나 김범인 집사는 평소에 교회에 회의적인 사람이었다. 교회 옮기는 것이 대수냐? 교회에서 마음의 평안을 얻지 못하면 옮겨야지, 이런 생각이었다. 그는 어떻게 해서 안수집사까지는 되었지만, 그것 때문에 떠맡겨진 일도 많고 또 다른 교인들의 보는 눈도 있어 그것이 늘 부담스러웠다. 결혼하면서부터 아내를 따라 교회를 나온 그는 교회의 모든 의식이 생소하고 거부감이 들 때가 많았다. 교회에서 새 신자 교육을 받고 세례를 받아 이십 년 가깝게 교회 생활을 하면서 교회란 무엇인가를 많이 생각하게 되었다. 밖에서 보는 교회와 안에서 보는 교회는 시각차가 컸다. 교회란 거룩한 곳, 설교 말씀 듣고 마음에 안식을 얻는 곳, 아픈 상처가 치유되는 곳, 선한 사업을 하는 곳이라는 막연한 생각을 해왔는데 이런 생각은 시간이 갈수록 희미해졌다.

첫째, 거룩한 곳이라는 생각이 말끔히 사라졌다. 세상보다도 시기와 질투가 많았으며, 구역 예배 등을 통해 남의 가정사를 하나하나 알게 되어 말이 많았다. 또 신앙의 선배라고 권위를 세우며 자기 신앙 기준에 따라 다른 사람을 비난하고 무시하고 자기가 받은 방언의 은사 등을 과시하기가 일쑤였다.

둘째, 설교도 다 은혜롭고 마음에 안식을 주는 것이 아니었다. 점점 신앙 생활을 불안하게 하며 가치관에 많은 갈등을 일으켰다. 김범인은 '교회란 삶에 보람을 찾고 지친 삶에 기쁨과 꿈을 주는 곳'이라는 꽤 낭만적이고 이상적인 생각을 하고 있었다. 그런데 설교는

들을수록 목을 옥죄는 괴로움으로 다가왔다. 자기가 하는 것은 모두 거듭나지 못한 세상 사람들이 하는 짓이라는 생각을 주입해서 마음의 평안보다는 죄의식이 자기를 눌러서 절망감을 가져왔다. 교회는 그 공동체를 유지하기 위해 권위의 말씀을 통해 교인들을 양순한 양으로 세뇌 공작을 하는 것 같았다. 설교 말씀대로 따라 살려면 직장을 그만두고 교회에 충성하며 교회에 와서 살아야 할 것 같았다. 세상에는 장사하는 사람이 있고, 연구원이 있고, 의사가 있고 방송인 등이 있어서 살기 좋은 세상을 만들려는 그들의 꿈을 따라 문화 생활을 하는 것인데, 이 사람들은 세속적인 일을 하는 무가치한 인간으로 내몰고 그들은 구원을 받으려면 꼭 교회의 스케줄에 맞추어 생활해야 한다고 강요하고 있었다. 목사는 이들이 교회에 매달려 살아야 하며, 교회에 충성하지 않으면 하나님께 충성한 것이 아니어서 이것은 우상 숭배라고 타도한다. 그래서 김 집사는 일상의 생활이 교회에 다니게 되면서부터 리듬이 깨지고 계속된 갈등으로 엉망이 되었다.

교회는 경건해야 한다는 것 때문에 요구하는 것이 많았다. 음주와 흡연은 금물이며, 하루는 새벽 기도로 거룩하게 시작해야 하며, 교회의 집회에는 부득이한 경우를 제외하고는 참석해야 하며, 노방 전도에 참여해야 하고, 직분 자는 단기 선교에 참여해야 하며, 교회의 프로그램을 적어도 하나는 맡아 충성해야 했다. 김 집사는 어쩌다 의사 동료들과 함께 술자리에 가면 술을 안 마시는데도 죄책감을 느껴야 했고, 응급 환자로 교회를 빠지는 일이 있을 때도 불안하고 행복하지 않았다. 무엇보다도 아내가 그것을 용서하지 않고 못 견디는 것이었다. 다른 교인에게 본이 되지 않기 때문에 자기가 부끄럽다는 것이다. 개업의(開業醫)란 이만저만 바쁜 것이 아니다. 아침부터 저녁 늦게까지, 그리고 월요일부터 토요일 오전까지 손을 쉴 수가 없다. 그런데 수요일 밤에는 아내가 자기는 교회에 나가기 때문에 가능한 한 일찍 퇴근해서 학원에 간 딸을 데려오라고 한다. 토요일 오후는 성가 연습을 해서 야식할 때가 많아 밤늦게 돌아온다. 결국, 그들은 가정 생활이라는 것이 없었다. 교회에서도 아내 박 권사는 맡은 직분이 많아 한 자리에서 함께 앉아 예배도 드릴 수 없었다. 따라서 귀가 시간도 같지 않았다.

"꼭 그렇게 바쁘게 일을 해야 하는 거야?"

그러면 아내는 말했다.

"예수님의 지상 명령이 무엇인데?"라고 하면서 "그러므로 너희는 모든 족속으로 제자를 삼아 아버지와 아들과 성령의 이름으로 세례를 주고 내가 너희에게 분부한 모든 것을 가르쳐 지키게 하라"라는 성경 말씀을 인용한다. "우리는 주님의 나라를 확장하라는 명령을 받은 주의 군병이란 말이요. 충성스러운 종이 되어야 해요."

땅에 발을 딛고 하늘나라를 우러러보며 천국의 가치관대로 살아야 하는 기독교인은 괴로울 수밖에 없다.

"그렇게 해야 구원받고 천당에 가는 거요?"

"구원은 별개지요. 예수를 영접하고 그 이름을 믿으면 다 구원은 받은 것이에요. 다만 구원받은 사람이 고난을 이기고 그에 합당하게 사는 삶을 살아야 하는 것은 의무에요. 그렇게 하지 않으면 천국에서 부끄러운 구원을 받는다는 말이에요."

"그런데 당신은 너무하는 것 아니요? 마치 당신은 혼자 도맡아 지상 명령을 잘 수행하는 사람이요, 다른 사람은 그러지 않은 사람처럼 생각하는 것 같아요. 그러나 다른 사람도 자기 나름대로 가정 생활 충실히 하면서 예수님의 제자로 살고 있다고 생각해야 하는 것 아니요?"

"세상과 하나님은 함께 섬길 수 없어요. 세상에도 잘하고 하나님께도 잘하는 줄타기 신자는 참 신자가 아니란 말이에요."

"예수를 구주로 믿는 신도가 800명이 넘는 이 교회에서 그럼 참 신자는 누굽니까? 당신 같은 광신자만 참 신자요?"

"구원의 약속은 받았지만, 천국에서 상은 없겠지요."

"엘리야가 호렙산 굴에 숨어서 이스라엘 백성이 선지자들을 다 죽이고 오직 자기만 남았다고 말했을 때, 여호와께서는 이스라엘 가운데 바알에 무릎을 꿇지 아니한 자, 7천 명을 남겨 두었다고 했는데 그 7천 명은 그때 어디 있었나요. 이름 없이 밖으로 드러나지 않은 그들은 하나님의 백성이 아니었을까요?"

김 집사는 평소의 불만을 아내에게 털어놓았다.

전도하는 사람과 선교사와 목사와 교회에 충성하는 사람만 하나님의 백성이 아니다. 예수를 믿고 예수의 말씀에 순종해서 살려고 하는 모든 신자는 하나님의 백성이다. 왜냐면 예수님의 다스림을 받는 백성이기 때문이다. 또한, 주님은 세상에서 자기가 다스리는 이런 백성이 확장되기를 기뻐하신다. 교회를 세우고 빈자리를 채워 놓으면 그것이 하나님의 백성인가? 단기 선교로 찬양하고, 성극 보여주고 선물 공세를 하고 돌아오면 천국 백성을 늘리는 것인가? 오직 그들을 통해 예수님을 참으로 만난 몇 사람만 천국 백성이라고 불릴 수 있을 텐데, 그것이 하나님이 원하시는 것일까? 참으로 천국의 확장을 원한다면 그 나라의 문화에 동화해서 그곳에서 살며 그곳 사람들에게 하나님 나라 사람의 본을 보여서 함께 하나님의 백성으로 살 때 하나님의 나라는 확장되는 것이 아닐까?

그런데 교회에서는 모두 자기만 하나님의 일을 하고 있다는 자기 기만에 빠져 있다.

"당신이 그렇게 본을 보이면 되지 않아요?"

"장로가 되지 않는 것이 나는 다른 사람에게 본을 보이는 것이요."

"당신은 교회 개혁에는 당당하게 맞서지 못하고 교회를 떠나자고 하고 있지 않아요? 난 당신의 본심을 아는데 첫째, 공천되지 못해 부끄러움을 당할까 두려운 것이지요? 둘째, 비록 공천되었더라도 낙선될까 봐 또 두려운 것 아니에요? 그래서 다른 교회로 떠나자고 하는 것 아니냐구요?"

"아니요. 다른 모든 것은 두렵지 않아요. 나는 장로가 될까 봐 걱정하는 거예요. 장로가 되면 교회의 꼭두각시가 되는 거요. 정말 하기 싫은 비본질적인 일을 믿음의 본질처럼 남에게 과시하고 다녀야 한다구요."

김범인 집사는 자기가 아직도 기독교 문화에 익숙하지 못해 헤매고 있는 것이라고 스스로 생각했다. 모두 장로가 못 되어 안달인데 왜 자기만 장로가 될까 봐 미리 걱정하고 노이로제에 걸려 있는가? 누가 자기를 장로 만들어 준다고 확약이라도 했다는 말인가? 왜 장로 선거를 생각만 해도 가슴이 떨리고 잠이 안 오는가? 이 증상은 안수집사가 되었을 때도 있었다. 그가 안수집사가 된 것은 권사인 아내 때문이었다. 십일조나 기타 각종 헌금, 선교 후원금 등은 아내에게 맡겨 놓고 싸우지 않기로 했다. 그는 교회에 출석하되 병원 일에 방해가 되지 않으면 무엇이나 협조할 생각이었다. 병원 일에 충실한 게 하나님께서 자기에게 주신 사명이라고 생각하고 있었다. 그래서 자기 몸으로 교회에 충성하지 못한 대신 물질적인 후원은 아끼지 않았다. 그러나 병원 시간을 빼고 교회 활동을 하는 것은 병적으로 싫어하였다. 비록 저녁 늦은 시간이라도 몸이 피곤하면 다음 날 병원 근무를 위해 다른 어느 곳에 가지 않고 집에서 쉬는 편이었다. 그런데 그가 안수집사가 된 것이다. 그것은 순전히 아내가 자기 이름으로 교회에 낸 비교적 많은 헌금 때문이라고 생각했다.

안수집사가 되자 교회에서 책임질 일이 많아졌다. 남선교회 회장도 해야 하고, 주일학교 부장도 해야 하며, 안수집사 모임, 안수집사 기도회도 참석해야 하고 헌금위원도 해야 했다. 이것은 김 집사에게는 엄청난 부담이고 변화였다. 무엇에나 책임감이 강하고 철저했던 그는 맡겨진 일을 소홀히 할 수가 없었다. 따라서 병원 일과 교회 일을 함께 감당하기가 너무 어려웠다. 주일학교 부장을 하려면 먼저 교사들에게 그가 본이 되어야 했다. 본이 된다는 것은 새벽 기도도 나가고 교사 수련회도 참석하고, 주일학교 학생을 늘이기 위해 교회 주변을 한 집도 거르지 않고 방문도 해야 하고, 또 교사가 요청하면 부장은 교회에 잘 빠지는 학생의 집을 그들과 함께 방문해서 권고의 말을 하고 기도를 해야 했는데, 이것은 김 집사가 결코 기쁘게 할 수 있는 일이 아니었다. 주일은 좀 집에서 쉬어야 하는데 이런 일들은 그를 파김치가 되게 하는 일이었다. 그때까지 김 집사는 병자를 고치는 일을 자기 본업으로 생각했는데, 이제는 본업에 충실할 수 없게 된 것이다.

그런데 교회에서는 세상일이 절대 본업이 될 수 없다고 윽박지른다. 마지막 날 하나님 앞에 설 때 살아 있는 동안 무슨 일을 하고 있다가 왔느냐고 물으면 하나님의 일을 제쳐 놓고 세상일을 하고 왔다고 하면 안 된다는 것이다. 그것이 김 집사를 괴롭혔다. 그가 기쁘게 하고 싶은 일은 병자를 돌보는 일이다. 그것은 피곤한 줄을 모른다. 그러나 집사로서 하는 일은 의무감 때문에 억지로 하는 일이었다.

드디어 공천된 장로를 발표하는 주일이 다가왔다. 그는 너무 가슴이 떨려서 장로 후보자를 최종 추천하는 공천위원회도 참석하지 않았고, 그날 주일에 교회도 나가지 않았다.

저녁 때 혼자서 교회에 다녀온 아내 박 권사가 말했다.

"전, 교회에서 부끄러워서 고개를 들지 못했어요. 장로 후보자 공천에 당신 이름이 올랐는데 정작 본인은 교회 출석도 하지 않으니 이게 뭐에요. 자기 이름이 안 올랐다고 불평하는 사람도 많은데 당신은 감사할 줄도 모르니 한심스러워요. 이건 당신을 존경하는 사람들을 배신하는 행위예요."

"실망하면 다음엔 부표를 던지겠지요. 하나님의 저울로 달아 보면, 나는 기준에 미치기는 어림없는 사람이요."

"교회도 이력이 쌓이면 집사, 안수집사, 장로… 이렇게 올라가야지 제자리에 머물러 있으면 교회 마당만 밟고 다니는 교인처럼 우습잖아요?"

"권사님이 왜 그러실까? 장로는 계급이 아니고 하나님께서 은사를 따라 주신 직분이 아니요? 은사는 주님의 몸을 섬기기 위해 모든 사람에게 주는 것이기 때문에 장로가 된다고 특별히 다를 것이 없다고 생각하는데."

"그래도 장로는 기업체에서 최고경영자 같은 그런 자리가 아니요? 교회를 다스리거나 대외적인 조직에 참여하려면 적어도 그런 명함은 가져야 한다고 생각 안 되세요?"

"선교사를 많이 파송하는 교회에서 '선교위원장 장로 ○○○', '세계 ○○선교회 회장 장로 ○○○', '전국 남선교회 총무 장로 ○○○'… 이런 거 말이요?"

"그것도 하나님의 일을 크게 하는 거죠."

"아무튼, 나는 장로가 싫습니다. 조직, 법, 제도에 얽매여 있으면 나는 병을 고치는 의사 노릇을 충실히 할 수 없어요."

"그건 당신의 열등 콤플렉스에서 오는 것 아니요?"

일주일이 지나서 이제 장로 투표를 하는 주일이 왔다. 이 집사는 이날도 교회에 나가지 않았다. 다시 말하면 주일을 빠져서 잘 안 지킨 것이다. 아무리 자기에게 이롭게 해석해도 기독교인으로서 이것은 십계명을 어긴 것이며, 하나님의 말씀에 불순종한 징계를 받을 만한 일이었다. 김범인 집사도 마음 한편이 편한 것은 아니었다. 가족이 다 교회에 갔는데 자기만 혼자 남아서 골프를 치러 간 것도 아닌데 성도들과 함께 예배를 드리지 못하니 괴로웠다. 그는 성경을 펴놓고 앉아 있었다. 목사가 설교하는 시간에 그는 성경을 펴서 에스겔서를 읽었다. 47장에 이르러 하나님의 성전에서 생명수가 흘러나오는 환상을 에스겔이 보는 내용을 읽게 되었다.

성전 동쪽의 문지방 밑에서 흘러나온 물이 동쪽으로 흐르다가 남쪽을 향해 사해 쪽으로 흐르고 있는 것을 보았는데 에스겔을 인도한 천사가 천 척을 측량한 후에 그에게 건너게 하니 물이 발목에 이르고 이처럼 천 척마다 건너게 하니 물이 무릎에 오르고, 허리에 오르고, 드디어는 건너지 못할 강이 된 것을 묘사한 내용이었다. 이처럼 이스라엘을 축복하는 생명수의 강이 사해까지 흘러 들어가며 그 물로 바닷물이 되살아나며 이 물이 흐르는 각처에 만물이 살아나는 것을 묘사하고 있었다.

김 집사는 분명 하나님께로 비롯된 축복의 생수가 자기 마음속 깊숙이 차고 넘쳐 오는 걸 느끼기 시작하였다. 이상한 일이었다. 하나님을 모르던 이전 상태의 자기가 점차 넘치는 성령으로 지금은 가득 차는 것을 느끼게 된 것이다. 그것은 지금까지 경험하지 못한 감격이었다. 그러면서 하염없이 눈물이 흐르기 시작했다. 이때 그는 하나님의 음성을 분명 들었다.

"범인아, 네가 나의 일을 하고 싶으냐?"

"그렇습니다, 주님. 그러나 병원에 매여 있는 이상 아무 일도 할 수 없습니다. 그래서 괴롭습니다."

"걱정하지 마라. 나의 일은 곧 나를 믿는 것이다."

이번에 김범인은 그 말이 무슨 말이냐고 따져 묻지 않았다. 그가 요한복음 6장을 읽으면서 예수를 찾아 가버나움까지 간 무리가 그들이 어떻게 하여야 하나님의 일을 할 수 있느냐고 물었을 때, 예수님께서 자기를 믿는 것이 하나님의 일을 하는 거라고 했을 때 "무슨 말입니까?"를 몇 번 되뇌어 물었었다. 그러나 이번 만큼은 모든 게 투명하게 느껴져 묻지 않았다.

"예 그렇게 하겠습니다."

대답하고 마구 눈물을 흘렸다. 그 눈물은 하나님께서 자기를 위로해 주신 말씀 때문이었다. 교인들과 함께 예배를 드리지 못하고 홀로 있는 괴로움과 병원 일을 소홀히 하지 못해 교회 일에 성실하지 못한 갈등에 대한 주님의 대답 때문에 흘린 눈물이었다. 왜 주님은 "네가 나를 대신해서 힘든 병자를 돌보아라."라고 말씀도 하신다는 것은 생각하지 못하고 교회에 나가라는 음성만 들려주신다고 생각했을까? 김범인은 자기의 판단에만 의존해 있었던 어리석음을 깨달았다.

"나를 믿어라. 나에게 너를 맡겨라. 내가 너를 인도하겠다."라는 말씀을 믿으면 병원의 일이든 교회의 일이든 권능을 주실 것이라는 생각이 들었다. 새벽 기도에 나가라고 하면 "예" 하고 나가면 된다. 하나님께서는 내가 그 일을 감당할 수 있다고 영력을 주실 것이다. 잠 못 자서 어떻게 되는 것이 아니다. 주께서 판단하셔서 "오늘은 쉬어야겠다."라고 하시면 죄책감 없이 쉬면 된다. "네가 환자 돌보는 것을 그토록 좋아하는 것은 내가 그런 은사를 너에게 주었기 때문이다. 병원 일에 충성하는 게 나의 일이다."라고 하면 "예" 하고 기쁘게 그렇게 할 것이다. 주께서는 오순절에 제자들에게 성령을 부어 주시고 세상으로 흩으셨다.

나는 주께서 주신 소명에 기쁘게 응답하겠다는 생각과 함께 생수의 강물이 마음 깊숙이에서 솟아 흘러넘치기 시작했다. 그분이 나를 인도하신다는 것을 믿기만 하면 된다. 왜 온전히 나를 맡기고 주를 믿지 못했는가?

주와 같이 길 가는 것 즐거운 일 아닌가
우리 주님 걸어가신 발자취를 밟겠네.
한 걸음 한 걸음 주 예수와 함께

날마다 날마다 우리 걸어가리.

어린아이 같은 우리 미련하고 약하나

주의 손에 이끌리어 생명 길로 가겠네.

……

마구 찬송이 쏟아져 나왔다. 김 집사에게는 있을 수 없는 일이었다. 교회에 대한 열성분자들이 자기 잘 보이기 위해서가 아니라 하나님의 강권하심으로 긍정적인 삶이 시작된다는 기쁨이 용솟음쳤다. 새로운 눈이 열려 모든 것이 새롭게 보이기 시작했다.

교회에서 늦게 돌아온 아내가 말했다.

"당신 오늘 교회에 안 나와서 무슨 일이 있었는지 알아요?"

"무슨 일이 있었는데?"

"장로 피택에서 부끄럽게 당신은 낙선한 것이요. 그래 원대로 낙선하니 기뻐요?"

"여보, 그보다 더 기쁜 일이 있어요."

"뭔데?"

"이제부터는 내가 주님 말씀을 순종하고 잘 살기로 했어요."

"그래요? 그럼 지금부터는 거룩하게 주일을 지키고, 새벽 기도도 잘 나가겠네요. 교회도 안 떠나고, 내 말도 잘 듣고…"

"아니 당신 말을 잘 듣는 게 아니라. 주님의…"

"됐어요. 완전히 거듭나셨네요. 이제 나도 신앙 생활 제대로 할 수 있게 되었네요. 그렇게 되게 해 달라고 얼마나 기도했는데 하나님께서 이제야 들어 주셨네요. 이제부터는 애들 좀 맡아 주세요. 나 교회 활동 좀 제대로 하게."

그러면서 박사라 권사는 안방으로 들어가 버렸다. 그러나 이번에는 아내가 결코, 밉지 않았다. 하나님께 자기를 맡겼기 때문이었다.

은희의 결혼 선언

"**아빠, 나** 결혼하고 싶은 사람 생겼어."

이것은 맏딸 은희의 폭탄적인 선언이었다. 요즘 서른한 살이면 노처녀도 아니다. 그러나 지금까지 혼담이 뜸했었고, 이제 딸 결혼도 못 시키고 늙히는가 하고 걱정하고 있던 때였다. 그녀가 미국에서 대학을 다니고 있을 때만 해도 집적대는 애들이 많이 있었다. 그러나 그 애들은 상대도 안 했다. 친구들이 하나둘 결혼하면서 그들 남편의 소개로 여러 남자를 만났으나 너무 신중해서인지 미지근한 상태로 있어서인지 모두 나가떨어졌다. 대학원을 마치고 잠깐 회계법인에서 직장을 가지고 있었는데 그때만 하더라도 외국인을 비롯해 구혼하는 사람이 한두 명이 아니었다. 같이 다니던 한국 교회 청년들도 호의를 보이며 가까이하려 했다. 그러나 수습 기간인 직장 일이 힘들어서였는지 돌아보지 않았었다. 고등학교 친구들이 미국에서 결혼하면 축하하러 쫓아다니고 하와이에서 결혼한다고 들러리를 서

달라고 하면 거기까지 다니며 축하해 주었는데 그들의 결혼도 고비를 넘기자 이도 시들해졌다.

한국에서 연구소에 다니다가 올해 은퇴한 김 박사는 이러다 딸, 은희가 혼기를 놓치는 게 아닌가 해서 이만저만 걱정이 아니었다. 인간은 아이를 낳기에 가장 적절한 시기에서 멀어질수록 성적 매력을 잃어 간다고 한다. 그래서 예쁘지 않은 젊은 여성에게는 그래도 이성의 매력이 작용되지만 젊음이 없는 여성에게는 그것이 없다고 쇼펜하우어는 말하고 있다. 은희가 예쁘기만 하지 성적인 매력을 잃으면 어떻게 하나 하고 걱정이었다.

그는 어떻게 자기 아내를 만났는지를 생각해 보았다. 우연히 친구를 따라 교회에 갔다가 그녀를 보았다. 그녀의 하는 짓이 다 귀여웠다. 그녀가 교회 청년부 회원이라고 해서 청년부에 들어갔다. 여름에 청년부 수련회를 한다고 해서 따라갔다. 그곳에서 예수님이 제자들 발을 씻겨 준 것을 본받아 세족식을 했다. 개울물에서 남자는 여자 발을, 여자는 남자 발을 씻겨 주는 일이었다. 그는 그녀의 발을 씻겨 주고 싶었다. 다 씻겨 주고 나면 발이 땅에 닿지 않도록 업고 수련회 장소까지 갔기 때문이었다. 그렇게 하지 못한 게 너무 아쉬웠다. 그러나 그 뒤로도 자주 만나게 되고, 밤에도 보고 싶으면 그 집 가까이에 있는 교회로 불러냈다. 그녀 집은 보수적인 기독교 가정이었기 때문이다. 그때 누가 "너는 연애를 왜 하느냐?"고 물었다면 그는 "행복하니까."라고 대답했을 것이다. 또 "너는 왜 결혼하고 싶으냐?"라고 물었다면 "더 행복해지기 위해서."라고 거침없이 대답했을 것이다.

정말 연애하면 순간이 행복하고, 영원히 더 행복해지는 것일까? 정말 그럴까? 결혼한 사람을 보면 그런 것 같질 않다. 행복은 연애의 목적지가 아니다. 행복은 이성적인 것이 아니고 아지랑이처럼 손에 잡히지 않은 감성적인 일종의 쾌감이다. 옆에 두기도 아까운 애인이 아내가 되어 안방에 죽치고 앉아 있으면 연애 때의 열정은 사라지고 가끔 저 "웬수"라고 말하기까지 한다. "연애는 자연이 행하는 속임수이고, 결혼은 연애의 소모품이므로 필수적으로 환멸이다."라는 쇼펜하우어의 말이 맞는 말일지도 모른다. 그러나 김 박사는 그때 처녀였던 아내를 만나는 것이 행복이었고, 더 계속 행복하기 위해 결혼했다. 그것이 비록 환상이었다 할지라도 그는 젊은 시절에는 그런 본능적인 환상이 있어야 한다고 지금도 생각한다.

그런 시절을 보내지 못한 은희가 미국 생활이 싫증이 나서 귀국했다. 그녀는 회계법인에서 훈련받고 바쁘게 일하는 일이 싫은 것 같았다. 쉽게 말하면 모든 상거래를 하는 회사나 기업의 재무 서류를 법에 맞게 작성하도록 돕고 자문하는 일인데, 너무 바쁘고 무의미한 수습 기간 때문에 질린 모양이었다. 귀국해서 대학 교수가 되는 것이 그녀의 꿈이 되었는데 한국도 미국 석사 학위만 가지고는 취직할 수가 없었다. 그래서 되는대로 시간 강사로 뛰면서 박사 학위 과정을 시작한 지 2년째였다.

김 박사는 딸만 둘이었는데 큰딸 은희는 총명해서 미국 유학을 보냈고, 둘째는 국내에서 간호대학을 졸업하여 병원에서 근무하다가 약사와 만나 결혼해 지금은 잘 살고 있어 큰 짐을 덜었는데 맏딸이 문제였다. 그런데 갑자기 결혼하고 싶은 사람이 생겼다니 놀라운 일이었다.

사실 귀국 후 걱정이 되어 대학 교수 한 사람을 추천했었다. 그런데 은희가 반대였다. 기독교인이 아니라는 이유였다. 그녀의 신앙은 부모보다 더 나았다. 그때 아내가 말했다.

"네 아버지도 처음은 기독교 신자가 아니었다. 친구 따라 교회에 나와서 나와 만났는데, 지금은 교회의 장로가 되지 않았니? 무엇보다 인품이 문제야. 만나 보고 나서 결정할 수도 있지 않아?"

"엄마, 그건 희망 고문이에요. 내가 뭐라고."

그러면서 말했다. 어떤 사람은 기독교인이며 술도 입에 한 번 대 본 적이 없다고 말하며 결혼했는데 알고 보니 술고래였고, 부인 구타가 심해 결국 이혼했다는 간증을 들은 일이 있다고 했다. 결국, 겉으로 사람을 보고 판단할 수는 없다는 말이었다. 한번은 목사 지망생인 전도사의 추천을 받았다. 신학교를 나왔고 비전도 분명한 청년이었다. 어머니의 친구가 추천한 사람이라고 해서 딸과 카페에서 만남을 주선했는데 그쪽에서 소식이 없었다. 소개한 사람에게 물으니 그쪽 부모는 탐냈었는데 막상 본인인 전도사가 싫다고 했다는 것이다. 어쩌면 목사 사모로는 부담스러운 학력이라고 생각했던 것 같다. 결국, 은희만 상처를 받고 말았다. 그 뒤로는 함부로 소개할 수가 없었다. 가끔 좋은 사람이 생기면 이메일과 전화번호만 알려 주어서 서로 문자를 받아 보고 상대방을 알아보라고 조심스럽게 일러 줄 뿐이었다. 그래도 아무 성과가 없었는데 이번은 결혼까지 하겠다는 청년이 있다는 것은 의외였다.

김 박사 부부는 은희를 불러 진지하게 물었다.

"도대체 어떤 사람이며, 뭘 하는 사람인데?"

"응, 전문의야. 지금 레지던트 과정이 끝나 가는데 곧 전문의 시험 도 볼 거래."

"어떤 사람인데. 나이는?"

"외관데 나이는 나와 동갑."

"군대는?"

"대학 다닐 때 사병으로 갔다 왔대."

"얼마나 사귀었는데 결혼하자고 그래?"

"1년 반쯤. 미안해 말 않고 만나서."

1년 반을 부모 몰래 만나고 있었다는 건 큰 배신이었다. 은희가 평소에 하는 짓이 아니었다. 그러나 그녀는 서로 상처받는 것이 싫어 먼저 좀 만나 본다는 것이 그리되었다고 말했다. 평소 남자에 시큰 둥한 그녀가 그에게 매력을 느낀 건 그가 솔직하고 직선적이며 거짓 이 없어 보였기 때문이라고 했다.

"근무하는 병원은 어딘데?"

"영남대 병원."

"뭐, 경상도? 거기가 고향이야?"

"응. 부모님은 거기서 작은 공장을 운영하고 계신대."

"신랑과 시부모 될 분이 경상도 사람이라고?"

김 박사는 놀라서 소리를 쳤다. 경상도 가장은 집에 오면 "묵자, 자 자." 이 말밖에 모르고, 설거지는커녕 모든 가사 노동은 거들떠보지 도 않는다고 알고 있었다. 그는 남자 중심인 가부장적 전통의 고장 이 경상도라는 고정관념을 갖고 있었다. "그래 결혼하면 그 집에 들 어가 살 거야?" 김 박사는 드디어 한마디 했다.

"설마. 따로 살 집을 마련해 주겠지."

아내가 거들었다.

"그런 이야기는 아직 할 단계가 아니야. 하지만 결혼하면 여자는 남자 집에 가서 사는 게 아니야?"

"이 맹꽁이가. 너 시집살이가 뭔지 알고 하는 소리야? 그 지방은 아예 여권이 없는 곳이야. 결혼 후 네가 교수로서 사회 활동도 할 수 있다고 다짐을 받았어?"

"아직 그런 단계가 아니라고 했잖아. 하지만 그건 당연하지. 각자의 존엄성을 인정받고 서로 각자 성장하는 것을 돕는 삶이 부부가 아니야?"

김 박사는 많이 걱정되었다.

"그 애를 한번 만나 보자. 지금까지 부모 모르게 어디서 만났어?"

"거의 매주 그가 날 찾아와서 이곳 도서관이나 시내 카페에서 만났고, 어떤 때는 영화를 보고 돌아가기도 했어. 내가 얘기해 볼게."

"너는 그 애가 오면 그렇게 좋았어?"

"나는 그런 적극적인 사람이 좋아. 그건 나를 좋아한다는 뜻 아니야? 그리고 결혼은 내가 좋아하는 사람과 하는 게 아니고, 나를 좋아해 주는 사람과 하는 게 아니야?"

다음 주, 주말에 당장 미팅을 주선해서 집에서가 아니고(집은 30년이 된 아파트여서 벽지나 마루나 너무 후졌었다.) 중식당에서 김 박사 부부와 은희 커플이 저녁 식사로 모였다. 아무래도 한가한 방이 좋을 것 같아서였다. 만나고 나자 깜짝 놀랐다. 너무 잘생긴 총각이었다. 어디 있다가 나타난 것인지 하나님께서 정해 준 은희의 배필인 것 같은 생각이 들었다. 거기다 대답하는 게 시원시원했다. 첫 마디가 쉬 나오지 않아 어떻게 해서 은희를 알게 되었느냐고 딸에게는 묻지 않은 걸 질문했다. 그는 미소를 지으며 말했다. 자기가 서울 세미나에 갔다 오면서 서울역에서 열차를 기다리다가 자기 의학 서적을 놓고 온 일이 있었는데, 며칠 후 그 책이 자기 책상 위에 택배로 와 있었다는 것이다. 그렇게 정성스럽게 포장해서 보내준 것을 보고 누가 버리지 않고 그렇게 친절을 베풀었을까 하고 발신인 전화번호를 찾아 감사 인사를 하게 된 것이 만남의 동기가 되었다고 했다. 반년 가까이 이메일을 물어, 서로 글을 주고받았는데 꼭 만나 보고 싶어 찾아본 게 동기가 되었다고 했다. 김 박사는 물었다.

"빨리 결혼하고 싶다는 말을 했다는데, 왜 결혼을 서두를 사정이 생긴 것인가?"

"1년 반 이상 만났는데 결혼을 미룰 이유가 없다고 생각했습니다."

"그동안은 여자 교제가 없었나?"

"주변에 간호사들이 많이 있는데, 그들과 만나는 것을 교제라고 생각한 적은 없습니다. 이제는 한 가정을 갖고 여러 면으로 안정을 얻고 싶습니다."

김 박사는 이것은 하늘이 맺어 준 인연이라고 생각했다. 어떻게 의학 서적을 서울역에 놓고 떠나며, 어떻게 은희는 또 그 자리에 앉아 그 책을 발견하고 택배로 보낼 생각을 한 것일까? 또 만나 보니 늠름한 청년이고 장래가 유망한 청년인데 반대할 이유가 없었다. 의사 사위를 만나려면 열쇠를 여러 개 준비해야 한다는데 개업할 집 하나 마련해 주지 못할 자기가 오히려 한심할 뿐이었다.

"부모님은 이 결혼을 어떻게 생각하시나? 은희 이야기를 한 적은 있는가?"

"한 번 김 교수가 대구에 내려와 아버지를 뵌 적이 있습니다. 부모님은 제 생각에 전적으로 동의하십니다."

이건 자기들끼리 다 짜고 친 고스톱이 아닌가? '내가 할 일이 무엇인가?' 하고 김 교수는 생각했다. '예스, 예스라고만 하면 되는가?' 하고 딸에게 뒤통수를 맞은 기분이었지만, 기분은 나쁘지 않았다.

다음 주말에 대구에서 간단하게 상견례를 하였다. 코로나 후폭풍으로 성대하게 할 수 있는 처지도 아니었다. 신랑 측 부모와 예비 신랑 박 군, 김 박사 내외와 은희가 참석했다. 김 박사의 둘째 딸은 바빠서 나오지 못했다. 김 박사는 박 군이 언제쯤 전문의 시험을 끝내고 독립해서 병원 개원을 할 수 있을지 묻고 싶었으나, 병원 개원에 아무 도움이 되지 못하는 자기가 그런 질문을 하는 것도 실례인 것 같아 입을 다물고 있었다. 그러자 신랑 측 아버지인 박 사장이 자기네는 아파트에 살고 있는데, 결혼하면 작은 집을 하나 전세로 얻어 따로 살게 하겠다고 말했다. 병원 개원은 은행 융자를 받아 할 수도 있겠지만 외과는 병원에서 더 훈련을 받아야 해서 오래 수련하는 것이 좋다고 했다. 어떻든 병원 개원은 지금은 코로나로 재정적인 압박도 심해 좀 늦어질 것 같다고 말했다. 박 사장은 박 군 닮아서 남의 의중을 잘 알아 미리 안심시키는 것 같았다. 김 박사는 연구소에 근무해서 그곳은 원래 퇴직금이 없었다. 따라서 뒤늦게 가입한 국민연금으로 살아야 하는 형편이어서 이건 너무 기운 결혼 같다는 생각이 들어 힘이 쭉 빠졌다. 그러나 그 자리에서 결혼은 두 달 후 신랑의 스케줄을 봐서 결정하기로 하자고 일단 매듭을 지었다. 이건 완전히 주도권을 신랑 측에 빼앗긴 모임이었다.

김 박사는 집으로 돌아오자 30년 된 아파트를 완전히 뜯어고치겠다고 선언했다. 결혼하면 박 사장은 신랑에게 따로 전셋집을 얻어 주겠다고 했지만, 그렇게 되지 않을 경우는 처가에 와서 주말 부부로라도 살게 하겠다는 생각이었다. 그러기 위해서는 가재도구를 다 꺼내어 어느 창고에라도 맡기고 한 달 후쯤 집을 비우고 딴 집에 살다가 집 리모델링이 끝나면 들어가겠다는 계획이었다.

"아버지, 그건 너무 무리한 생각이 아니어요?"

"뭐가?"

"30년 다 되어 가는, 그것도 40평이 넘는 아파트를 완전히 고치겠다는 건 너무 무모한 생각 같아요. 언제 재건축이 시작될지도 모르는 아파트를 겉만 깨끗하게 꾸미면 무슨 소용이 있어요. 금전 낭비지."

"나는 그 박 사장이 전세를 얻어 주겠다는 것을 믿을 수가 없다. 또 네가 시댁에 들어가는 것은 더욱 싫다."

"그렇다고 시집간 딸을 새로 꾸민 아파트에서 살게 하고 남편을 주말부부로 살게 하겠다는 거예요?"

"너를 붙들고 있으면 시댁에서도 빨리 전셋집을 얻어 주지 않겠니?"

"그건 아버지 생각이고요. 하나님의 생각은 아닌 것 같아요."

"하나님께서 나에게 아무 말씀도 안 들려주신다. 내가 너를 위해 무엇이든 해주고 싶은데 아무것도 해 줄 수 없지 않니? 신랑감도 찾아 주지 못했고, 결혼 날짜도, 너희의 살 집도, 병원을 개원한대도 나는 해 줄 수 있는 것이 없다. 내가 해줄 수 있는 게 이 아파트를 깨끗하게 리모델링해서 네가 편하게 하루라도 지나게 해 주는 것뿐이야."

"아버지는 저에게 충분히 해 주셨잖아요. 미국 유학으로 대학 공부도 할 수 있게 해 주시고. 딸들을 위해 충분히 희생하셨어요. 이제 저희는 잊고 부모님의 행복한 노후 계획을 세우실 때에요. 하나님께서 저를 그 집으로 보내시려고 계획하셨으면 앞으로의 삶도 인도하실 거에요. 저희는 잊어버리세요. 아니 하나님께 맡기세요."

그 뒤로 두 달 뒤 둘째 토요일을 결혼일로 결정하였다고 통보해 왔다. 그리고 그날은 예식장에서 결혼하지 않고 야외에서 한다는 것이었다.

"우리는 그 결정을 따르기만 하면 돼? 너도 동의했어? 야외에서 하다니, 그날 비가 오면 어떻게 할 거야?"

"저는 시간이 여유롭고 그는 바빠서 시간을 내기가 힘든데 어떡해요. 또 결혼식은 우리만의 결혼식으로 특별히 야외에서 하고 싶다는데 어떻게 반대해요."

"그래도 네 의견이 있을 게 아니야?"

"그의 의견이 제 의견이에요. 이제 한 말을 탔는데 어떻게 해요. 하나님께서 그를 목적을 두고 이끄실 것이라고 믿어요."

"하나님은 그를 통해서만 너희들의 삶을 인도하신다니? 그의 부모님도 그렇게 따르시니?"

"외과 의사는 급한 수술 환자를 앞에 두면 빠른 결정을 해야 한대요. 그것이 버릇되어 먼저 결정하고 통보하나 봐요. 저도 일생에 한 번인데 야외에서 우리가 정한 식순대로 결혼식을 한번 해보고 싶었어요. 틀에 박힌 결혼식보다는요."

"그건 안 돼. 나는 야외 결혼식을 하더라도 우리 목사님이 주례를 해 주셔야 한다고 벌써 부탁까지 했는데?"

"왜 그러셨어요?"

"결혼식은 장난이 아니야. 하나님 앞에서 맺어 준 부부가 되겠다고 서약하는 것인데 목사님 주례 아니면 절대로 안 된다."

"알겠어요. 저도 하긴 그래요. 아무리 순서가 진부하다고 주례 없이 예식을 진행하며 신랑·신부가 혼인서약을 하객들 즐겁게 장난 섞인 어조로 하는 것은 싫어요."

"그리고 야외 예배도 다시 생각해 봐라. 3일 동안도 정확한 예보를 할 수 없는데 어떻게 두 달 뒤 일기를 예측하니. 비가 오면 청첩장도 다 찍어 놓고 어떻게 하겠다는 거야?"

"예식은 대구의 한옥 마을에서 하기로 이미 결정했대요. 비가 오면 사회자석은 열린 천막을 치고 하객석은 비치 파라솔을 세운 탁자를 몇 개 놓을 모양이에요. 꼭 올 사람만 오면 된대요."

"그건 안 되지. 여러 하객을 증인으로 하나님이 짝지어 주신 걸 사람이 나눌 수 없다고 엄숙히 서약하는 것인데 건성건성 넘길 수 있어?"

"꼭 비가 온다고 정해진 것도 아니잖아요. 좋은 날씨 주시라고 기도 좀 해주세요."

"요즘 결혼을 너무 쉽게 생각하니 두 쌍 중 한 쌍은 이혼한다잖아. 또 애는 낳지 않고. 낳아 놓고 이혼하면 또 그 애는 무슨 죄야."

"아버지, 쉽게 여겨서가 아니에요. 돈 자랑하느라 너무 사치스러운 결혼을 너도나도 해서 반기를 든 거예요. 웨딩홀, 스튜디오, 웨딩드레스 숍, 웨딩 메이크업, 또 결혼 정보 회사는 얼마나 많은데요. 모두 호화판이에요. 이런 낭비에서 해방되자는 것이에요."

"그건 좋은 생각이다. 그럼 예식 비용은 어떻게 하자고 상의를 했어?"

"그건 지금부터 해야지요. 얼마 되지 않을 거예요. 그 집 박 사장님은 교회 집사님이시고 노숙자 구제에 헌신하시는 분이래요. 간소하게 하실 거예요."

김 박사는 은희를 물끄러미 쳐다보았다. 어리던 딸이 언제 그렇게 컸는가? 이제 부모를 떠나 부부가 합하여 그 둘이 한 육체가 될 때가 되었다는 생각이 드는 것이었다. 그는 할 말을 잃었다.

"그래 너희들이 결정해서 연락해라. 그대로 따르겠다."

그는 두 손을 들었다. 그러나 사는 집 리모델링은 반드시 해서 결혼 후 분가가 안 되는 경우는 '내 집에 너를 더 두고 싶다.'라고 마음으로 결심하였다. 딸 사랑한다고 하나님께서 반대하지는 않으실 것 같았기 때문이었다.

집안일 돌보는 남자

김 박사는 어쩌다 보니 50이 다 되어서 결혼하여 신혼여행을 가게 되었다. 늦게 아내를 얻게 된 것이 기뻐서 미술을 하는 아내 소원대로 이태리, 프랑스, 영국의 미술관과 박물관들을 한 달 가까이 돌고 마지막으로 자기가 학위를 마친 미국 텍사스 주의 오스틴에 왔다. 거기에는 자기의 둘도 없는 친구 경수가 살고 있었다. 그는 함께 전자공학과에서 공부했는데, 그는 시간제로 회사에 나가 일을 해 주고 있더니 논문을 제대로 마치지 못해 김 박사만 먼저 학위를 마치고 한국으로 들어왔다. 그 뒤 들으니, 그는 미국에서 시민권자와 결혼하여 그곳에 영주하게 되었다고 했다. 여행을 앞두고 그의 주소를 수소문해서 이메일을 보냈더니 너무 보고 싶으니 꼭 들르라는 것이었다. 여성스럽고 꼼꼼하여 자취할 때는 김치도 잘 담곤 하던 친구였다. 벌써 헤어진 지 10년째였다. 어떻게 지내고 있는지 무척 궁금했다. 둘이서 교회나 학생 성경 공부에 열심히 나가던 사이이기도 했다.

공항에 도착하는 시간을 알려 주었더니 어린애들 남매를 태우고 마중을 나왔다. 오후 3시 애들을 학교에서 데려오는 시간이 되어 태우고 바로 왔다고 했다. 큰애는 딸이고 둘째는 아들인데 인형처럼 아주 예쁘게 생긴 애들이었다.

"야, 부인이 예쁜 모양이다. 애들이 이렇게 예쁠 수가 있나?"

"그래, 좀 예쁘지. 자네 부인께서도 미인이신데 뭐."

"우리야 다 처복이 있는 사람들 아니냐?"

이렇게 허물없게 이야기가 오가는 가운데 호텔에 도착했다. 짐을 풀고 곧장 자기 집으로 가자고 해서 애들과 함께 경수네 집으로 갔다. 그는 애들에게 TV를 보기 전에 숙제하고 책부터 읽으라고 얘기하고는 2층으로 보냈다. 아주 훌륭한 집이었다. 75평쯤 되는 집이라는데 모든 것이 잘 꾸며져 있었다. 밖에는 정원이 아름답게 꾸며져 있었고, 집안도 깔끔하게 정돈되어 있었다. 꽃이 핀 난들도 여기저기 알맞은 곳에 잘 놓여 있었고, 천장에 매달린 바구니에 재스민 꽃이 맛 바라보고 늘어져 있어 향기가 은은했다. 김 박사는 놀라서 물었다.

"야! 너무 잘 꾸며 놓았는데. 여기 앉았으면 어디 나가고 싶겠냐?"

"그래, 나는 꽃 가꾸고, 애들 돌보고, 집안일 하는 것이 너무 좋다."

"직장은? 뭐 하는 게 없어?"

"이게 내 직장이야."

그는 집안을 돌아보는 것이 자기 일이라고 말했다.

"부인은 뭐 하시는데?"

"응, 소아과 의사야. 의료공원이라고 의사들만 모여서 사무실을 내는 큰 건물에 사무실이 있어. 약은 처방만 해 주면 되고, 수술은 큰 병원에 의뢰하기 때문에 수월한 편이지."

"자네는 정말 아기 보고 집안일만 하고 사는 거야?"

"그렇다니까. 아내가 그것을 좋아하고, 나도 편해. 대신, 주말에는 한 번씩 골프를 하러 나가기도 해. 그때는 아내가 집안일을 하고."

"정말 좋겠어요. 가사를 그렇게 분담하면 여자가 얼마나 편하겠어요?"

김 박사의 아내 은희는 부러운 듯이 말했다.

"이건 분담이 아니라 남편과 아내의 역할이 뒤바뀐 것이지, '하우스 허스밴드' 아니야?" 그러면서 김 박사는 말했다.

"이건 성서적이 아니잖아? 아내는 남편에게 복종하기를 주께 하듯 하라고 했잖아?"

"누가 누구에게 복종하느냐 하는 문제가 아니야. 그냥 이렇게 사는 것이 행복하고 좋은데 어떻겠나. 구약 시대에는 남자가 주로 싸움터에 나가야 하니까, 자연히 여자가 남편에게 복종하고 가정을 돌보게 된 것이 아니었을까?"

"사랑하면 서로 복종하는 것이지요. 부인께서 복종하지 않을 리가 있겠어요?"

은희는 경수 편이었다.

아내는 의사이면서 집안일은 질서 있게 하는 일이 없다고 경수는 말했다. 안경 찾고, 시계 찾고, 심지어 전에 입었던 옷 찾고…. 어떨

때는 핸드백을 탁 뒤집어 방바닥에 쏟아 놓고 무슨 영수증이 없다고 2, 30분씩 찾는 일도 있다고 했다. 그뿐 아니라 출근한 뒤에 집에서 잊고 안 가져간 것을 갖다 달라고 한단다. 그러나 자기가 일을 하면 어떤 옷이 어느 서랍, 어느 곳에 있는지도 알 수 있으며, 집안에 고장 난 하수도, 전기 기구, 차고 문 닫고 여는 일, 그리고 잔디 깎는 일까지 구석구석 해 놓을 수 있으며, 무거운 청소기를 잘 다룰 수 있다고 자랑스럽게 말했다. 사실 그가 2층에 올라가 열어 보여준 어린애 옷 서랍은 너무나 잘 정돈되어 있었다.

"너무 꼼꼼하시네요. 역할 분담을 잘하신 것 같아요."

은희는 감탄하며 말했다. 김 박사는 경수의 삶이 마음에 들지 않았다.

"하나님께서는 여자에게 해산의 고통을 주었을 뿐 아니라 왜 유방까지 주었겠니? 그것은 어린애의 양육도 여자가 해야 한다는 것 아니겠어?"

"그런 고정관념은 버려야 해요"

은희가 말했다.

"고정관념이 아니라 이것은 하나님의 창조 질서에 어긋난다는 말이지요."

경수가 개입했다.

"어떻든 우리 둘에게는 이 삶이 평안하고 행복한 걸 어떻게 해. 사랑의 하나님께서는 우리가 이렇게 살고 있으면 창조 질서에 어긋난다고 벌주실까?"

그는 창조 질서에 대한 그 나름의 해석이 정연했다. 창조 질서가 무엇인가? 하나님은 대자연을 혼돈(chaos) 속에서 질서(cosmos)를 찾아 창조하셨다. 그리고 마지막에 인간을 하나님의 형상대로 그러나 남녀를 다르게 창조하시고 보기기에 아름답다고 말씀하셨다. 남녀는 각각 다른 모습으로 서로 돕고 하나님께 영광을 돌리며 살게 창조하신 것이다. 그러니 "이것은 남자가 할 일, 저것은 여자가 할 일"이라고 인간 중심으로 선을 그으며 자기 주장을 하고 살 이유가 없다. 인간 중심의 생각을 버리고 하나님이 보시기에 아름답게 살면 그것이 에덴의 삶이 아닐까? 서로 행복하게 살고 하나님 보시기에 아름다운 삶은 그것이 바로 하나님의 창조 질서에 맞게 사는 일이다.

그런 사이에 경수의 아내가 돌아왔다. 경수가 2층에 대고 "마미가 왔다!"라고 소리치자 애들이 뛰어 내려와 포옹했다. 경수가 친구와 부인을 소개했다.

"잘 들었습니다. 지금 신혼이시라구요?"

"네, 너무 늦게 신혼 실습을 하려니 부끄럽기도 하고 어렵네요."

그들은 대화가 무르익자 경수는 김 박사에게 말했다.

"나 지금 가까운 시장에 가려는데, 너 같이 갈래? 오늘 밤 스테이크 요리 어때?"

김 박사는 남자가 시장을 보러 간다는 말에 좀 어리둥절했으나 곧 분위기를 깨닫고 따라나섰다.

집안에 둘이 남게 된 은희가 말했다.

"남편이 가정 일을 보시니 너무 좋네요. 그런데 어때요? 좀 미안한 생각이 안 드세요?"

"그이가 집안일을 보기 전에는 가정일로 너무 싸웠어요. 그러나 역할이 바뀌자 이제는 너무 행복해요. 미안하기도 하니까 내가 더 잘 해주게 되구요."

"저는 반대예요. 그이는 어떻게나 가장의 권위를 내세우는지, 친정에서 저희에게 사 준 집이 있거든요. 그런데 거기서 살자고 해도 기겁을 하고 반대해요. 처가 도움은 싫다는 거지요."

"고지식하고 좋은 분이네요."

"남편 되신 분은 토요일 하루 나가는 것으로 만족하시나요?"

"이제는 토요일도 안 나가겠대요."

"왜요?"

"자꾸 아기를 하나 더 낳아 달래요, 자기가 잘 기르겠다구요. 그렇게 되면 토요일에, 나 혼자서 아기 셋을 볼 수 없으니 골프는 포기해야 한다고 했더니 그렇게 하겠대요."

"어머 그렇게 아기를 좋아하세요? 그래서 어떻게 했어요?"

"지금 저 임신 중이에요"

"입덧 안 하세요?"

"저는 입덧이 없어요."

남편들이 돌아오자 그들은 밖에 나가 스테이크를 구웠다. 식사를 마치고 떠날 때가 되었는데 은희가 말했다.

"우리 여기서 하룻밤만 자고, 밤 내 결혼 생활 상담을 하고 가면 안 돼요?"

"좋아요. 집에 방 있어요. 불편하지만 않으시면…"

경수 부인의 말에 김 박사가 얼굴을 붉히며 말했다.

"당신 무슨 소리를 하는 거요. 신혼부부가 염치도 없이."

그러면서 손을 잡아끌었다.

경수가 데려다주어 호텔 방에 들어오자, 김 박사는 말했다.

"아니, 그 자식 집이 그렇게 좋아요?"

김 박사는 노골적으로 마음에 안 드는 표현을 했다.

"경수 씨 아주 존경스러워요. 애 하나만 더 낳아 주면 토요일 휴가도 포기하겠다고 그랬대요. 당신은 마음에 안 들어요?"

"뭐야! 그런 말까지 했어요? 그 자식, 아주 많이 변했구먼, 우리가 잘못 찾아온 것 같아요."

김 박사는 불안을 감추지 못하고 말했다. 젊은 아내를 맞은 자기 앞날이 걱정스러워졌기 때문이었다.

김 박사가 떠날 때는 주말이었는데, 친구 경수가 승용차로 그들을 배웅했다. 출국 절차를 마치고 얼마 동안 그들은 대기실에 앉아 있었다.

"너 남자 망신은 다 시키고 있구나. 정말 가장으로 그렇게 살아도 후회 없겠어?"

김 박사는 떠날 때도 친구의 재능을 아껴서 한마디 했다.

"넌 한국에 가더니 많이 보수주의가 되었구나. 지금은 가부장적 권위주의 시대가 아니야. 성차별을 없애자고 얼마나 여성 인권 운동이 활발히 전개되고 있는데. 한국에서도 가정폭력, 성폭력 때문에 서서히 여성의 목소리가 높아지고 있을 걸."

"나도 여성을 집에 가두어 두고 노예처럼 취급하는 것은 안 된다고 생각해. 그러나 결혼은 부부가 한 말을 타는 것인데 앞에 타는 사람과 뒤에 타는 사람이 있어야 할 게 아니야? 하나님이 인간을 창조하실 때 남자 갈비뼈로 여자를 만드셨다는 것은 무슨 뜻이야. 여자는 남자를 돕는 배필로 만드셨는데 앞자리에 앉아 남자를 좌지우지하는 것은 반대야."

이번에는 은희가 끼어들었다.

"앞자리 뒷자리 하는 것이 잘못된 생각이지요. 기독교인인데 하나님께서 선두에 서서 인도하시고 우리 부부는 그분의 음성을 듣고 따라가야 하는 것이 아니에요?"

"맞아요. 요즘은 근육과 힘의 시대가 아니고 정보화 시댑니다. 또 여성도 교육 수준이 높아지고 사회 참여도 활발해져서 남편에 대한 경제 의존도도 낮아졌어요. 그런데 여성이라고 가정폭력을 참아내며 성희롱을 받고 살면 그냥 있겠어요? 아마 길거리에 나서는 여성 단체가 더 많아질 걸요?"

김 박사는 쌍방 공격을 받는 것 같아 불안하고 기분이 언짢아져서 일어났다.

"경수야, 만나서 반가웠다. 잘 지내고 어부인께 고마웠다고 전해주라." 말하고 출찰구로 향했다. "너 그래도 동양 사람의 긍지는 갖고 살아야 한다."라고 끝까지 한마디 했다. 그러자 경수가 그의 귀에 대고 말했다.

"신부 잘 도와줘라. 그리고 다독거려. 나는 아내를 위해 뭐든 다 해 줄 수 있는데, 애 낳는 것은 해 줄 수 없다."

콩트 - 남편 전도

신 권사의 평생 소원은 남편을 전도해서 함께 교회에 나가는 것이었다. 남편은 자기를 사랑하고 자기 말을 잘 들어주고 일생의 동반자로 부족함이 없는 사람이었다. 단 한 가지 문제는 교회에 나가자는 데는 수십 년간 "싫다!"라고 분명하게 선을 그었다.

"내가 당신 새벽 기도에 나가는 것, 철야 기도 하는 것, 교회 봉사 하는 것, 무엇 하나 반대한 적이 있었어요? 나에게 교회 가자는 말은, 내가 당신에게 교회 가지 말라고 하는 것이나 마찬가지요."

서로 간섭하지 않으면 부부 사이는 아무 문제가 없다는 것이었다. 다 이해해 주고, 협력하고 있기 때문이었다. 남편은 고등학교 물리 선생이었는데 아내가 비이성적이고 불합리한 성경의 경전을 믿고 매달려 사는 게 자기 생리에는 맞지 않는다는 것이었다. 그러나 신 권사는 교회의 권사로서 남편 하나 전도하지 못하고 있다는 것이 평생의 치욕이었다. 그러면서 어떻게 남에게 교회 나오라고 말할 수 있겠는가. 문제는 전도란 전도하는 사람의 노력과는 상관이 없는 일이었다. 예수님께서도 "내가 문밖에 서서 두드리노니 누구든지 내 음성을 듣고 문을 열면 내가 그에게로 들어가 그와 더불어 먹고 그는 나와 더불어 먹으리라(계 3:20)."라고 성경에 쓰어 있는 대로 인도받는 상대방이 마음의 문을 열고 주를 영접해야 한다. 그런데 아무리 문을 두드려도 전도 받을 사람이 문을 안 열면 어쩔 수 없는 일이었다. 그런데 남편 김 선생은 기도해도, 아양을 떨어도 문을 열지 않았다. 어떻게 해야 하는가? 자기가 무엇을 잘못하고 있는 것일까? 믿음이란 자기 욕심을 버리고 주님의 뜻을 좇아 사는 순종의 본을 보이는 것인데, 자기는 남편 전도해서 교회에 데려오는 욕심을 버리지 못하고 있는 것이 아닐까 하는 생각을 하게 되었다. 인내하고 기다리며 하나님이 남편에게 행하시는 기적을 보아야 하는데 성급하게 남편 전도하겠다고 안달하는 게 남의 눈에 잘 보이려고 하는 잘못된 자기 과시가 아닐까 하는 생각도 하게 되었다.

그런데 이번에는 더 큰 문제가 발생했다. 남편은 두 형제가 있는데 장남인 신 권사의 시숙이 일찍 상처한 아버지를 모시고 본가에서 살고 있었다. 독자인 아버지가 불신자였기 때문에 시숙은 매년 조상의 제사를 지내고 있었다. 그런데 그 호인인 시숙도 아내의 권고로 교회에 나가 세례까지 받게 되자 조상을 모시는 제사는 그 부부 간에 큰 문제가 되었다. 큰동서는 도저히 시아버지를 모시고 함께 살 수가 없다는 것이었다. 그래, 따로 집을 얻어 살겠다는 것이었다. 큰 시숙이 "나는 교회를 안 나가고 여기서 아버지를 모시고 살겠다."라고 선언을 하면 되는데, 자녀들도 다 교인이요 아내의 권유를 따라 모처럼 자기도 교회에 발을 들여 놓은 상태여서 그런 결정을 하지 못하고 "네가 아버지를 모시고 살면 안 되겠어?"라고 동생인 신 권사의 남편에게 상의해 온 모양이었다.

시집을 올 때는 시아버지 집을 차지하고 별문제 없이 지내더니, 이제는 시아버지를 빼고 온 가족이 교인이 되자 시아버지를 모시고 제사를 지내고 있을 수 없으니 시아버지도 모셔가고 제사도 시동생이 맡아 지내 달라는 것이었다. 자기가 믿는 종교를 위해 부모를 버린다는 것은 유교 전통을 떠나 상식으로도 있을 수 없는 일이다. 아마 김씨 문중에서 이 이야기를 들었다면 문중 호적에서 그 가정을 파 없애 버려야 한다고 했을 것이다.

신 권사가 아무것도 모른 상태였을 때, 하루는 남편이 이런 말을 하였다.

"여보, 부모는 꼭 장남이 모셔야 한다는 이유가 없잖아?"

신 권사는 어리둥절하였다.

"왜 그래. 아버님 모시고 싶어 그래?"

이이가 웬 변덕이야 하는 생각으로 신 권사는 물었다.

"아니야. 아버님이 너무 나이 드시기 전에 나도 한 번 모시고 싶어서. 그 집은 애들도 많고 형수가 직장에 나가잖아?"

"나는 집에서 피아노 교습이나 하고 딸 하나뿐이어서 편해 보이는 거야?"

"지금은 시대가 변해서 제사는 꼭 장남이 지내야 한다는 법이 없대. 유산 상속도 이제는 남녀 구분 없이 공평해서 돌아가면서 제사를 모시는 경우도 많대. 아버지 제사는 아들이, 어머니 제사는 딸이 지내기도 하고."

"그래서 어쩌자는 거야. 아버지 모시고 살면서 이제부터는 우리가 제사를 지내자는 거야?"

그러나 늦게야 이것이 큰동서의 농간인 것을 알고, 신 권사는 큰동서가 괘씸하다고 생각했다.

"나도 교회 권사인데 나는 시아버지 모시고 제사 지내도 된다는 거야?"

이런 생각으로 처음엔 극렬히 반대했다. 그러나 남편은 자식으로서 신앙 문제로 형제가 아버지를 외면하는 꼴이 되어 모른 체할 수가 없다고 말했다. 또 자기는 불신자이기 때문에 집에서 제사를 지낸다고 문제 될 것이 없다고 애원하였다. 제사 음식도 자기가 준비하고 자기가 제주도 되고 집사도 되어 향도 피우고 술도 따르고 절도 하고 다 할 테니 신 권사는 그때 밖에 나가 모른 체해도 된다는 것이었다. 남편은 저자세가 되어 신 권사에게 애원하고 있었다. 자기가 신 권사 교회 나가는 걸 반대하지 않는 것처럼 신 권사도 자기가 집에서 제사 드리는 일을 반대하지 말고 자기가 하는 대로 맡겨 달라는 것이었다. 요즘은 성균관 상차림 간소화 표준도 있어 간단하게 지낼 수 있으며, 아버지도 다 이해하신다는 것이었다.

하지만 시아버지를 모시고 살려면 그럴 수가 없다. 성경에도 "너희 각 사람은 부모를 경외하고 나의 안식일을 지키라. 나는 너의 하나님 여호와니라(레 19:3)."라고 했는데, 부모를 외면하고 제사 때 밖에 나갈 수 없다고 말했다. 그러나 시아버지가 맡겨서 제주 노릇까지 해야 한다는 남편이 향을 피우고 술을 올리고 절을 하면, 다음엔 가족 모두가 함께 절해야 하는데 이것은 돌아가신 조상 신께 절하는 것이고 우상 숭배다. "우상 숭배자는 다 그리스도와 하나님의 나라에서 기업을 얻지 못하리니(골 5:5)."라고 성경은 말하고 있다. 제사를 돌아가신 어른을 기억하고 기념하는 절차라고 생각하면 얼마나 좋을까? 그런데 유교의 제사는 남쪽 문을 열어 놓고 신을 맞이하며(迎神), 상을 차리고 신이 내려오기(降神)를 기다리고, 그 신에게 인사하며(參神), 그 신이 가정을 잘 보살펴 달라고 비는 거라면, 이건 분명 우상 숭배다.

신 권사는 교인들이 흔히 명절에 지키는 추도 예배라는 걸 드리면 어떻겠냐고 제안했다. 제사 대신 기일에는 음식을 차려 놓고 고인을 기억하고 생시에 하시던 덕담을 기억하고 생시에 고인의 못다 이룬 꿈을 이야기하고 지낸다면 오랫동안 고인을 마음속에 담고 함께 사는 일도 되지 않겠느냐는 의견이었다. 그러나 그것은 제사가 아니라고 받아들이지 않았다. 날이 갈수록 이제는 불신자인 동생이 시아버지를 모시고 사는 게 현실로 굳어져 가고 있었다. 그렇다면 불신자와 신자가 서로 간섭하지 않고 동거하는 일만 남아 있었다. 한 가정에서 둘이서 오래 같이 살려면 불간섭주의로는 안 되고 이제 어느 한 편이 다른 한 편을 관용해서 같이 살아야 한다고 생각했다. 그렇지 않고는 참을 수 없는 삶이었다. "하나님께서 주신 지혜(위로부터 난 지혜)는 첫째 성결하고 다음에 화평하고 관용하고 양순하며 긍휼과 선한 열매가 가득하고 편견과 거짓이 없나니(약 3:17)."라고 서경은 말하고 있는데 남편에게 그렇게 자기를 이해하라고 할 수 없고 자기가 생각을 바꿔야 한다고 생각했다. 여러 날을 기도한 뒤, 신 권사는 시아버지를 모시자고 남편에게 말하였다. 시아버지를 모시고 제사를 지내되 꼭 절을 해야 한다면 절도 하리라고 생각했다. 이것은 우상 숭배가 아니다. 남편을 사랑해서 화평하고 관용하는 모습일 뿐이다.

그래 큰동서네가 떠난 시아버지 집으로 들어가 살 결정을 하였다. 필요한 짐만 옮기고, 살던 집은 피아노를 한 대 더 넣고 낮에는 애들 교습을 위해 신 권사는 지금까지 살던 집으로 출근하였다. 시아버지는 알고 보면 일찍 상처하고 홀로 사는 외로운 분이었다. 그러나 평소 외로움을 잘 극복하고 계셨다. 시에서 운영하는 노인 종합복지관을 다니며 익숙하게 잘 활동하고 계셨다. 자녀들 괴롭히지 않겠다고 아침에 나가면 거기서 제공하는 싼 점심도 드시고, 친구를 사귀어 바둑도 두고 컴퓨터나 핸드폰도 기초반 활용반을 거쳐 잘하시는 편이었다. 제사 문제도 아들을 제주로 삼고 물러나서 시할아버지의 제사 하나로 모든 조상의 제사를 대신한다고 하셨다.

출근하는 직장도 없는 신 권사는 시아버지를 극진히 공양했다. 복지관에서 단체 여행을 간다면 과일 한 상자씩 사서 같이 나누어 드시라고 보내기도 했으며, 제사 때는 제사 음식을 불평 없이 준비했고, 제상 앞에서 절하는 일도 제사 중 한 형식이라고 생각하고 잘 따라 했다. 그리고 함께 음식을 나누었다. 음식을 제사 때 참여한 조상신과 같이 나누어 먹는다고 생각하지 않았기 때문이다. 밥 먹으러 오는 조상신은 없으며, 그것은 허상이고 미신이다. 만일 죽어서 갈 데가 없는 조상신이라면 그 신이 무슨 힘이 있어 가족의 어려움을 도와줄 수 있겠는가? 그것은 조상이 세상을 떠나 편히 쉬지도 못하게 괴롭히는 일이다. 음식이 무슨 잘못인가? 마치 베드로가 땅에 네 발 가진 것을 먹으라 하는 하나님의 음성을 듣고 그럴 수 없다고 항변했던 베드로의 율법주의와 같은 태도다. 이렇게 결심을 하고 나니 한결 마음이 가벼워졌다. 그런지 3년째 제사 때였다. 갑자기 시아버지가 전 가족 회의를 하겠다고 큰댁의 식구까지 모두 불렀다. 제사가 끝난 뒤였다. 시아버지가 모인 자손들 앞에서 공표하였다.

"내가 죽은 뒤에는 제사는 지내지 마라. 나는 이미 내 시신을 병원에 기증하였다. 그래서 내 장례식도 걱정할 필요가 없다. 묘소도 마련할 필요가 없다. 이제는 결혼도 안 하고 아기도 안 낳고 묘소를 돌볼 후손도 없는 때가 되었는데 묘소 관리는 어떻게 하겠니. 이제는 씨족들이 모여 사는 마을도 없어지고 반상도 없어진 지 오래며, 핵가족으로 뿔뿔이 흩어져 사는데 무슨 제사냐?"

다시 계속했다.

"족보도 이제는 종이책을 없애고 인터넷으로 사이버 공간에 띄워 놓기로 했다. 내용을 내가 다 수정해 놓을 테니 너희들은 URL에 링크해서 가끔 확인해 보아라. 무엇보다도 가족이 화목해서 사는 것이 좋다. 그래 제사는 내가 살아 있는 동안 내가 주관할 테니, 둘째도 교회에 나가고 싶으면 나가도 된다."

이것은 마른하늘에 천둥 치는 소리였다.

"아버지, 저는 제사는 그만둘지라도 교회는 안 나갑니다."

신 권사 남편의 대답이었다.

"그래 학교 퇴직하고 방안에 앉아 카톡으로 거짓말 같은 이웃 사람들 이야기나 전달하고 살래? 교회에서 하나님 말씀 듣고 어려운 사람 돕고 사는 것이 천 배는 낫다."

신 권사는 남편 전도를 포기하지 않았다. 이제는 시아버지도 협조해 주시지 않는가. 남편 전도를 못해 후배 교인들에게 본이 되지 못한 것을 괴로워하던 신 권사는 새벽 기도에 나갈 때마다 남편 신발을 싸서 들고 와 신발만이라도 주님 앞에 있었으면 좋겠다고 그때마다 간절히 기도했다. 어느 날은 신발을 찾아도 찾을 수가 없어 그날은 그냥 교회에 나왔는데 "오늘은 신발도 나오지 못했습니다." 하고 간단히 기도한 뒤 눈을 뜨고 앞을 보니 남편이 한쪽에 저만치 나와 앉아 있는 모습이 보였다. 너무 감격해서 "감사합니다. 하나님." 하고 하나님께서 남편을 움직여 교회에 나오게 해 주신 것에 흐르는 눈물을 주체할 수가 없었다.

그런데 그것도 며칠뿐이었다. 하루는 남편이 신 권사를 붙들고 간청했다.

"나 좀 그만 놓아 줄 수 없어? 내가 당신 교회 나가는 걸 방해하거나 교회 활동을 방해한 적이 한 번이라도 있었어? 제발 나 좀 봐 줘. 제발 '너는 너, 나는 나' 이렇게 좀 살자!"라고 말하는 남편은 손을 잡고 눈물로 호소했다.

신유의 이적

신 권사는 미국에 있는 자녀들을 만나러 가려고 꿈에 부풀었는데 갑자기 어지럼증이 생겼다. 일어나면 머리가 빙빙 돌고 쓰러질 것만 같았다. 그러지 않아도 좌우 대퇴골 골절로 걸음을 못 걷게 된 지 2년이다. 이제 다시 넘어져 고관절 골절상이라도 입게 되면 다시는 일어나지 못하고 죽을 수밖에 없는 처지여서 조심하는 중인데 어지러우니 일어서 걷기가 무섭다. 늘 가던 이비인후과로 문의했더니 이석(耳石)증은 아니고, 계속 어지러운 것 같지는 않다니 신경 안정제를 먹어 보라고 처방해 주어 3일간 복용했는데 아무 효과가 없었다. 남편은 인터넷 검색을 해보고 영양제를 과복용할 때 생기는 부작용일 수도 있다고 말했다. 혹 이번 보건소 처방이 다른 약으로 바뀌었는데 그것이 원인이 아니었을까 해서 그 약을 중단하기도 했다. 그런데 아무 효과가 없었다.

아내의 12년 후배인 의사가 있었는데 그녀는 요양병원 원장이었

다. 그 후배에게 물었더니 이제 어지럼증이 생기는 나이라면서 자기
도 가끔 어지럽고, 또 요양병원에 있는 노인들은 늘 어지럼을 호소
해서 '보나링 A' 정을 처방해 준다고 했다. 가까운 병원에서 처방해
받아 먹어 보라는 것이었다. 그런데 그 약을 처방해 먹었더니 신기
하게도 먹고 나면 한두 시간 뒤에는 어지럼증이 말끔히 사라지는
것이었다. 하루에 3정까지 먹을 수 있는 것이라는데 아침, 저녁 두
차례만 먹었다. 문제는 그 약을 끊으면 또 어지러웠다. 처음 약을 처
방해 준 이비인후과에서는 그 약은 어지럼증을 근본적으로 치료하
는 약이 아니고, 이 약이 한순간 신경을 마비시켜 어지럼증을 잊게
하는 것뿐이라는 것이었다. 따라서 오래 복용하면 후유증이 생길
수도 있어 장기 복용을 권할 수 없다는 것이었다. 그 말을 들으니
또 께름칙하여 몇 번 약을 먹지 않고 견뎌 보려 했지만, 효과가 없
었다. 샤워할 때는 남편을 불러 침실에 앉아 자기 샤워가 끝날 때까
지 대기하라고 당부했다. 교회도 나갈 수 없었는데 남편이 혼자 가
버리면 또 무슨 일이 생길지 몰라 불안하였다. 그뿐 아니라 장기 복
용이 또 어떤 후유증을 가져올지 걱정이었다. 후배에게 그런 걱정을
털어놓았더니 약이 안 들면 문제지만 먹고 나면 어지럼증이 없어
진다니 무슨 걱정이냐고 그녀는 말했다.

"이건 치료제가 아니고 일종의 마약 성분 진통제가 아니야?"

그러자 그녀는 이렇게 말했다.

"언니, 언니 나이가 지금 몇 이유. 얼마나 더 살고 싶어 후유증을
걱정하우?"

하긴 그렇다. 어지럼증이 사라지면 그것으로 되는 게 아닐까? 그
래서 후유증과 상관없이 먹기로 했다. 오래 살고 싶지 않다는 게 신

권사가 늘 하던 말이었다. 그러나 어지럼증은 뇌로 가는 혈관이 좁아져 산소가 제대로 공급되지 않아 생긴다는데, 그러다가 뇌 기능이 약해져 언어 장애가 오거나 치매로 발전하면 어쩔 것인가 하는 생각으로 또, 걱정되는 것이었다. 밖에 나가 시원한 공기라도 쐬고 싶지만, 2년 이상 집에만 있어서 이제는 밖에 나가는 것도 무서웠다. 애들은 다 외지에 있어 남편과 둘이 살고 있어 소일거리라고는 TV 보는 일밖에 없다. 요즘은 연속 방송도 재미가 없다. 젊은 애들이 하는 짓을 잘 이해도 못 하겠고, 거기다 옛 배우들이 어머니나 할머니로 나오면 그 역할도 꼴불견이다. 정치하는 사람들이 하는 말도 무슨 말인지 알아듣지 못하겠다.

아파트에 살고 있어 유선 방송으로 여러 가지 채널을 갖고 있었지만, 신 집사네는 셋톱 박스를 설치해서 채널이 더 풍성했다. 연속극 재방송, 쇼핑, '세계 테마 기행', '나는 자연인이다', '동네 한 바퀴', 각종 운동 중계…. 신 권사는 특히 골프 채널을 좋아해서 운동선수 이름과 수상자 이력을 많이 알고 있다. 요즘은 예배도 온라인으로 드리는데 대부분 유튜브로 방영하고 있어 TV의 대형 모니터로 볼 수 있다. 교회에 가지 않아 편했고 교회는 자막이 잘 안 보이고, 또 음성이 잘 안 들릴 때가 있는데 집에서는 그런 불편이 없었다. 또 예배 전에는 준비 찬양으로 따라 부르기 어려운 복음성가를 부를 때는 듣고 있기도 힘들었는데 적당히 음량을 줄여 놓을 수도 있다. 목사가 알기 어려운 설교를 하고 있으면 다른 채널로 바꾸어 유명한 목사 설교도 들을 수 있다.

온라인 예배 때는 남편이 설치해 놓은 Chrome Cast를 통해 예배를, 특히 유튜브 방송들도 핸드폰이 아닌 대형 모니터로 볼 수 있다. 최근에 그녀가 유튜브로 보게 된 영상은 세계적인 부흥 강사 조용기 목사의 옛날 설교들이었다. 그가 2021년 9월에 뇌출혈로 입원하여 소천하게 되자 그의 과거 설교 영상들이 많이 쏟아져 나와 있었다.

한 번은 '강단교류 5, 보혜사'라는 제목으로 조용기 목사가 사랑의 교회에 와서 설교했던 영상을 보게 되었다. 장로교 보수적인 교단에서 순복음 교회의 목사를 초청했다는 건 이례적인 일이었다. 조 목사는 세계에서 제일 큰 교회 70만 명이 모이는 교회의 목사였다. 세계적인 부흥 강사로 브라질에 가서는 집회 인원이 너무 많아 강단에 갈 수가 없어 헬리콥터로 강단에 섰고, 끝날 때도 헬리콥터로 퇴장한 분이다. 그가 신유(神癒)의 은사를 받게 된 것은 1958년 불광동에 천막 교회를 세웠을 때였다고 한다. 당시 모여든 사람은 예수를 믿고 구원받기 위해서가 아니라 굶주리고 헐벗고 잠자리가 없고 병든 사람들이었다고 한다. 그때 전도사였던 그가 할 수 있는 일은 불신자를 전도해서 구원받은 신도를 만드는 일이 아니고 교회랄 것도 없는 자기 거처에서 그들과 함께 먹고 자고, 병자를 돌봐 주는 일을 할 뿐이었다고 한다.

그런데 한 번은 앉은뱅이가 얼음판에서 갖고 노는 나무판 같은 곳에 앉아 버스를 타고 또 내려서 쇠꼬챙이로 나무판을 밀고 서울역에서 아침에 출발하여 밤이 되기까지 수고해 이곳 개척 교회를 찾아왔다며 자기를 낫게 해 달라고 애원했다고 한다. 그는 예수를 믿는 사람이 아니면 아무 일도 할 수 없다고 핑계를 댔는데, 무슨 일을 어떻게 해야 하느냐고 자기는 믿는다고 말했다는 것이다. 조 목사는 용기를 내서 머리에 손을 얹고 베드로처럼 "은과 금은 내게 없거니와 내게 있는 이것을 네게 주노니 나사렛 예수의 이름으로 일어나 걸으라."라고 소리쳐 외쳤다는 것이다. 그러나 아무 일도 일어나지 않았다. 그는 두려움 가운데 따로 떨어져 기도하기 시작했다. 몇 시간을 기도했는지 방언으로 기도하던 중 갑자기 가슴이 뜨거워지며 무엇이나 할 수 있을 것 같은 성령 충만의 은사를 체험했다고 한다. 그는 앉은뱅이 앞으로 가서 머리에 손을 대고 "예수의 이름으로 명하노니 일어나 걸으라."라고 외쳤다는 것이다. 조 목사 특유의 언변으로 청중을 웃겨 감동케 하며 평생 처음으로 행한 신유의 은사 이야기를 했다. 그때가 스물여섯 살이었는데, 그 뒤로 3년 만에 교인은 500명이 되었다는 것이다.

설교를 같이 듣던 남편은 조 목사는 타고난 설교자라고 말했다. "설교란 설교문을 준비해서 그것을 전하는 것이 아니라, 설교로 자신을 준비하여 그를 전하는 것이다."라고 조 목사는 말했다. "말씀을 먼저 자신에게 적용하여 변화를 경험하지 않는 설교자의 설교에 성도들은 관심을 두지 않는다."라고도 말했다. 신 권사 생각에도 조 목사는 성경 말씀을 가르치는 설교를 하지 않고 그 성경 말씀을 체화(體化)하여 자기 사는 삶을 보임으로써 먼저 머리가 아니라 가슴으로 주님을 느끼게 한다고 생각했다. 2시간 가까운 설교를 심취해 들었다.

설교가 끝나고 기도 후, 조 목사는 누구나 아픈 사람이 있으면 앉은 자리에서 그 아픈 곳에 손을 얹으면 나을 거라고 말하며 조 목사 특유의 빠른 음성으로 기도를 시작했다. 신 권사는 무의식중에 머리에 손을 얹었다. 어지럼 증상 때문이었다.

그런데 어찌 된 영문인지 유튜브를 통한 조 목사의 설교가 끝난 뒤, 신 권사의 어지럼 증상이 사라졌다. 이제는 세상을 떠난 조 목사가 유튜브로 자기에게 신유의 은사를 행했다는 것인가? 믿을 수가 없어 하루가 지난 뒤에 신 권사는 조 목사의 기도 후 어지럼증이 사라졌다고 남편에게 말했더니 유튜브를 통해 돌아가신 목사가 병을 낫게 해 주었다는 것은 말이 안 된다고 했다. 그러나 며칠을 지나도 어지럼증은 나타나지 않았다. 신 권사는 "정말 돌아가신 분이 어떻게 신유의 은사를 행했는지 모르겠다."라고 남편에게 말했다. 그러자 남편은 큰 소리로 말했다.

　　"여자여, 네 믿음이 너를 구원하였도다."

　　그런 뒤, 두 사람은 함께 "아멘"하였다.

신 집사의 구역 예배

신 집사는 서리 집사가 된 지 4년째 되던 해에 구역장으로 임명받자, 바로 구역 예배에 대한 자기의 아이디어를 실천하기로 했다. 구역 예배는 한 달에 한 번만 모이고, 장소는 자기 집에서 하기로 했다. 2층에 있는 방 하나를 비우고 어린이 놀이방으로 꾸몄다. TV와 어린이용 비디오와 그림책을 사들여 비치하고 놀이 기구를 사 넣었다. 이것은 권사인 시어머니의 허락과 협조를 받은 것이었다. 비용은 중학교 선생인 그녀가 전액 부담하기로 했다. 그날은 모든 구역원 부부와 어린애들까지 온 구역 식구가 저녁을 먹지 않고 음식을 한 가지씩 장만하여 들고 온다. 신 집사 집에서 식사를 나누고 어린애들은 2층의 어린이 놀이방에 가서 놀게 하는데, 어린이 방에는 그때마다 담당자를 한 사람 정하여 올려 보낸다. 어른들은 어른끼리 모여 찬양하고 힘들었던 삶을 나누고 기도한다. '구역 예배'도 '구역 기도회'라고 이름을 바꾼다. 매주 모임의 보고서에

'구역 예배 인도자'가 나오는데 교회에서는 목사만 예배 인도를 할 수 있다고 가르치는데 어떻게 집사나 장로가 예배 인도자가 될 수 있다는 말인가? 결국, 교회에서 원하는 구역 예배는 아닐지라도 친교와 말씀 나눔의 '기도회'로 바뀌었다. 그러나 이렇게 해야 구역원들의 가정사를 잘 알게 되고 서로를 위해 더 깊은 관계를 형성할 수 있다는 이론이었다. 이것은 신 집사 자신의 아이디어만은 아니었다. 그녀는 다음과 같은 한 교회의 이야기를 들은 적이 있었다.

어떤 교회에 당회장 목사가 교인과 불화가 생겨 자기 사람들을 데리고 교회를 떠났다. 이에 급히 모셔 온 목사는 목회를 잘하고 계셨는데 후임자에게 맡기고 조기 은퇴해서 시골에 살고 계시던 분이었다. 교회의 딱한 사정을 알고 사택이 없어도 자기 집에서 차로 다니며 교회를 돕겠다고 해서 모신 분이었다. 그동안 부목사와 전도사들이 강단을 맡고 있던 교회는 새 목사가 들어와서 차분한 설교를 시작하자 교회는 어느 정도 안정을 찾게 되었다. 거기다 새 목사는 자기가 나서서 사역자들을 동원하여 교회 청소도 하며 급할 때는 부교역자들을 시켜 버스를 운전하게 하여 교인들의 교회 출석을 도왔다. 그러자 교인들이 버스와 소형 차량 운전을 자원해서 하겠다고 나서기 시작했다. 또 교회 청소도 여전도회가 분담해서 하기로 하였다. 연말 예결산의 틀이 완전히 바뀌었다. 전엔 목사 사례비 인상 때문에 아주 시끄러웠는데 이번에는 목사가 난국을 수습하러 온 사람인데 무슨 사례비냐고 안 받겠다고 해서 실랑이였다.

교회 조직과 행정이 많이 바뀌었다. 구역 예배는 없애고 원하는 구역이 있으면 조직해서 당회에 올리면 허락하도록 하겠다고 했다.

이것은 신 집사가 평소에 원했던 것이었다. 또 성가대 지휘자는 성가대원들이 모시고 싶은 사람을 찾아 자원봉사 하는 사람으로 교회가 임명했다. 그러자 지금까지 유급으로 일하고 있던 반주자도 자기도 무급으로 봉사하겠다고 했다. 그렇게 되자 교회가 활기를 찾기 시작했다. 상부 지시를 따라 움직이는 조직 안에서의 신앙 공동체가 아니라 스스로 모여 예배하고 힘을 얻어 일하는 단체가 되었기 때문이었다. 모두 의무적으로 주일을 지키기 위해 교회에 나오는 것이 아니라 자기가 할 일이 있고 맡은 일이 있어 교회에 나오는 것이었다. 설교를 들으면 그것이 자기가 하는 일에 가치를 부여하며 새 생명이 넘쳐 더욱 소중히 섬기고 싶은 생각이 든다는 것이었다.

신 집사의 새로운 구역 예배는 대성공이었다. 교회에 내는 구역 예배 보고서는 한 달에 한 번만 제출하고 나머지 3주는 모인 장소도 없고, 또 헌금 기재 칸은 늘 공란이었다. 이 소문은 각 구역에 퍼져 구역 예배에 혼선이 왔다. 드디어 신 집사는 목사님께 불려 가게 되었다. 집사가 된 지 몇 해도 안 된 신참자(新參者)가 왜 교회에서 정한 법도를 마음대로 어기느냐는 것이었다. 그녀는 자기가 이해할 수 없는 것을 조목조목 목사에게 따져 물었다. '구역 예배'는 '구역 기도회'로 이름을 바꾸는 게 맞다. 꼭 헌금을 내서 구역에서 낸 돈까지 교회에 바쳐야 하는가? 사회 활동으로 지쳐 있는 평신도들을 매주 밤 모이도록 하는 취지는 무엇인가? 매주 의무적으로 모이는 것이 하나님을 섬기는 기쁨을 빼앗아 간다면, 그것이 오히려 하나님께 나아가는 길을 가로막는 범죄가 아닌가?

예상했던 대로 교회에서는 이것이 문제가 되었다. 교회의 명령을 어기고 그렇게 행한 사람은 교회의 권징(勸懲)을 받아야 마땅하다는 것이었다. 그러나 교회에 충성스럽던 그녀의 시부모 홍 장로 내외에 맡겨 훈계하기로 하고 앞으로 이런 행동을 하지 않도록 주의를 듣고 훈방되었다. 그러나 모처럼의 '구역 기도회'는 몇 달을 지속하지 못하고 많은 구역원은 기쁨을 잃었다. 그녀는 많은 교인에게 '말썽꾸러기 집사'로 이름이 났다.

10년 뒤에는 교인들 사이에 말썽꾸러기로 이름이 알려져 권사를 뽑는 투표에 신 집사는 오히려 많은 표를 받아 권사가 되었다. 신 집사는 권사가 교회의 계급도 아닌데 만나는 사람마다 "권사님, 권사님" 하고 어른 대접해서 퍽 거북하였다. 그러나 그들이 자기를 비꼬는 게 아니라 진정으로 따뜻하게 사랑하는 것을 마음으로 느끼며 부끄러운 생각이 들었다. '왜 자기주장만 하고 남을 참으로 섬기는 예수님의 본은 받지 못했을까?' 하는 생각에서였다. 처음으로 자기는 남을 위해 진심으로 기도한 적이 없었다는 것을 깨달았다. 자기만을 위한 삶이었다. 그러면서 아픈 사람, 어려운 사람, 힘든 사람이 눈에 보이기 시작했다. 자기를 이렇게 변화시키는 힘은 어디서 오는 것인지 알 수 없었다. 이성으로는 설명할 수 없는 더 높은 곳에서 오는 힘이었다. 하나님께서 자기를 권사로 세워 주신 새로운 사명을 깨닫게 해주는 순간이었다.

우리 목사님

이것은 C 목사 위임식 때 있었던 일이다. K 교회는 갑자기 교인들을 잘 다스리고 있던 목사가 교회를 떠나겠다고 선언한 뒤 기도원에 들어가 얼마 동안 교회가 어수선했다. 성도들이 절대 순종을 맹세하고 기도원을 찾아가지 않아서인지 목사는 기도원에 버티고 있더니 결국 교회를 떠나게 되었다. 이렇게 해서 옛 목사는 떠나고 경제적인 손실 외에는 별문제가 없이 바로 새 목사를 모셔 오는 일이 시작되었다.

교계 신문에 목사 초빙 공고를 냈더니 한 달 사이에 60여 명이 응모했다. 이 교회는 역사가 70년이 가까운 매우 보수적인 교회였다. 그동안 목사가 공석이 되면 교회 어른들이 수소문해서 당회가 목사를 모셔 와서 그냥 목사님께 순종하고 지냈는데, 이번에는 젊은 당회원들이 목사 청빙위원회를 만들어 목사를 공모하기로 한 것이다. 자격 있는 목사가 넘치는 시대가 되어 이런 사례는 특이한 일도 아니다. 그러나 평소 목사를 '주의 종'이라고 부르며 그의 사무실 근처도 못 가던 평신도들이 목사를 쥐락펴락하며 면접하고, 이리저리 따지며 심사한다는 게 그리 쉬운 일이 아니다. 직접 대면하지도 못하고 60여 명의 '주의 종'을 2, 3명으로 압축해서 공동의회에서 뽑는 일은 이런 경험이 없는 교회에서는 그리 쉬운 일이 아니었다.

서류를 낸 목사 중에는 외국에서 시무하는 목사도 있고 파키스탄이나 인도 등에 선교사로 가 있는 분도 있었다. 이력서와 두 편의 설교 파일을 받아 놓기는 했지만, 청빙위원이 함께 모여서 60명의 서류를 심사하고 설교 녹음을 다 듣고 있을 시간을 만든다는 것은 어려운 일이었다. 응모자 중에는 인맥, 학맥을 통해 교인들에게 영향을 미치려 하는 사람도 있었다. 그러나 교인들의 목소리에 귀 기울이면 소음 때문에 하나님의 신호를 놓칠 수가 있다. 청빙위원회에서는 일주일 특별 새벽 기도회(특새)를 선포하고 기도로 주의 음성을 듣기로 했지만, 하나님은 모세 같은 분을 꼭 집어 음성을 들려주는 것이 아니어서 은사가 넘치는 교인이라 할지라도 그들이 들었다는 하나님의 음성은 따로따로일 수밖에 없다. 결국 '특새' 후 청빙위원들은 당회실에 이력서와 방송 녹음 USB를 보안 상자에 넣어 보관하고 각 위원이 보안 규칙에 따라 집으로 대출해 가서 설교 녹음을 청취하고 일정 기간 후 모여서 20명 정도로 압축하기로 했다.

일반 교인들은 청빙위원들이 하나님의 뜻을 따라 잘하고 있는 것인지 불안하였다. 어떤 원로 장로는 자기는 청빙위원으로 참여할 수 없으므로 '목사 청빙을 위한 기도'라는 제목으로 자기가 드린 기도문을 교회 홈피에 올려 여러 교인과 청빙위원이 공유하도록 했다.

"1. 다윗처럼 하나님의 뜻에 합한 사람, 2. 발 씻는 예수님을 닮은 사람, 3. 외식하는 바리새인이 아니고 죄인인 세리처럼 겸손의 본을 보이는 사람, 4. 바울처럼 그리스도인을 만드는 소망의 인내심이 있는 사람, 5. 사마리아인처럼 자비를 베푸는 사람."

그런 목사님을 보내 주시라고 기도한다는 것이다. 그러나 그것은 원로 장로 자신의 소망이지 하나님의 뜻일 수 없다.

결국, 이런 복잡한 과정에서 청빙위원회의 면접을 거친 두 사람이 교인들에게 설교로 선을 보이고, 최종적으로 공동의회에서 투표로 모신 분이 C 목사이다.

C 목사가 교회를 맡은 지 벌써 2년이 되었다. 그동안 코로나로 불편하게 교회 생활을 했지만, 모두 만족스러워서 교회 창립 70주년이 되는 해를 맞아 목사 위임식을 하게 되었다. 목사는 복이 있는 분인지 나라에서도 코로나 규제를 풀어 하객들도 많이 초청되었다. 평소 인맥이 넓다고 알려진 분이어서인지 경향 각지에서 온 하객들이 화분 하나씩을 가져와서 교회 공간에 놓아 둘 장소가 부족할 정도였다. 낮 예배 후 교인들의 점심 대접은 오랜만에 교회 식당에서 이루어졌다. 이건, 교인들에게도 2년 만에 처음 있는 일이었다. 모두 마스크를 벗고 민낯으로 대면해서 식사하는데 꿈만 같았다. 그뿐 아니라 식사가 끝나서는 교회 카페에서 커피도 마시고 대화할 수도 있게 되었다.

나이 많은 김 장로는 신기해서 카페에 들어서는데 옛날에 같은 구역에서 구역 예배를 드렸던 신 권사가 자리에 앉아 있다가 그를 붙들고 호들갑을 떨었다. 그를 옆에 앉히고 "뭘 마시겠느냐, 뜨거운 거냐, 얼음 띄운 거냐? 커피냐, 일반 차냐?"라고 물었다.

옛날이나 지금이나 다름이 없었다. 같은 구역원일 때 성경 묵상집 『다락방』을 교도소 선교용으로 보내자고 제안했을 때 적극적으로 찬성하고 후원금을 내주던 자매였다.

앉아서 대화를 나누는데 같이 앉은 자매도 김 장로를 잘 안다고 말했다. 목사 위임식은 오후 3시였다. 김 장로는 물었다.

"이번 C 목사 참 좋지요?"

앞에 앉은 자매가 반색하며 동조했다.

"우리 목사님, 정말 최고예요. 저는 존경하고 숭배해요."

그러면서 목사 칭찬을 늘어놓았다. 자기 딸이 이번 특수교사 임용고시에 응시하게 되었는데 늘 기도하면서도 염려되었는데 목사를 만나 자기 딸 이야기를 했더니 자기를 일부러 당회실까지 불러 그 시험 날짜가 언제인지 무슨 과목 시험을 보는지 일일이 물어보고 수첩에 기록했다는 것이다. 그런데 정말 감사한 것은 자기 딸이 합격했다는 것이다. 또 2차 시험도 무사히 통과했는데 그것은 오직 목사의 기도 덕분이라는 것이다.

"나는 그런 용한 목사님은 처음 봤어요. 그렇게 구체적으로 묻고 교인을 위해 기도해 주는 목사님이 어디 있어요? 나는 뿅 갔어요."

"목사님은 신내림을 받은 무속인이 아닌데…"

김 장로가 말했다.

"그건 다르지요. 무당은 미래에 일어날 일을 알아맞히는 것이고, 이건 목사님이 하나님께 간청하여 하나님께서 들어주신 것이잖아요?"

"하나님은 직접 자기 자녀들의 기도를 들어주시는 분이지 목사님이 대신 기도했다고 들어주는 분이 아니잖아요?"

"그래도 목사님은 하나님과 나 사이를 중보(仲保)하시는 분이지요."

"나는 하나님이 그 목사의 기도 안 들어주셨으면 더 좋을 뻔했다고 생각합니다."라고 김 장로는 말했다.

"뭐라고요?"

"그랬으면 자매님이 밤을 새워 기도하며 딸을 위한 하나님의 뜻이 무엇인지 매달려 기도했을 게 아닙니까? 그러는 동안, 내 뜻이 아닌 하나님의 뜻을 깨닫게 되고, 비몽사몽 간에 하나님의 음성을 들었을지도 모른다는 생각이 듭니다. 나는 기도가 내 탐욕을 내려놓고 하나님과 함께하는 것, 즉 하나님의 뜻이 내 뜻이 되는 거로 생각하는데요."

장면이 좀 어색했는지 신 권사가 끼어들었다.

"무얼 그렇게 어렵게 신앙 생활을 하세요? 나는 날마다 하나님께서 나에게 주신 은혜를 생각하고 감사하며 지낸답니다. 한순간 한순간이 기적 아니고, 은혜 아닌 게 어디 있어요? 하나님과 동행하며 산다는 것이 놀라운 은혜입니다."

옆에 앉은 집사가 대답했다.

"그래요. 장로님, 정말 우리가 이런 목사님을 모신 것은, 하나님의 은혜예요. 나는 눈에 안 보이는 하나님보다 목사님 따라 살 거예요."

김 장로는 그녀를 물끄러미 쳐다보았다. 새 목사님이 이런 교인들을 제자로 삼고 목회하려면 너무 힘들겠다는 생각을 하면서.

4부

절기 기도문

신년 기도

하나님 아버지! 이 한 해도 우리 성도님들이 놀라운 하나님의 은혜를 체험하는 해가 되게 해 주시기를 간절히 기원합니다. 하나님께서 새롭게 불어넣어 주신 성령과 능력을 힘입어 새해의 청사진이 펼쳐지게 해 주시며, 골짜기마다 돋우어지며 산이 낮아져 탄탄한 평지가 열리는 꿈을 꾸게 하소서.

어제는 살기가 힘들고 고달팠더라도 오늘은 오히려 이웃들을 도울 수 있게 하시며, 어제는 병들고 간병하는 데 지쳤을지라도 오늘은 저들을 위로하고 격려케 해 주소서. 어제는 실직자였을지라도 오늘은 절망하지 않고 일어설 수 있게 하시며, 어제는 주의 음성을 듣지 못했을지라도 오늘은 세미한 음성을 듣게 해 주소서.

물질 문명이 세상을 주장하고 새해에는 우리가 죄 가운데서 다시 하나님을 거역하는 바벨탑을 쌓지 않게 하소서. 특히 정치하는 사람들이 인간의 이성을 초월한 하나님의 창조 섭리를 깨닫지 못하고 힘과 탐욕과 광장의 소음으로 세상을 어지럽힐지라도 우리를 사랑하사 구원하고자 하신 주님의 은혜를 기억하게 하소서. 특히 교회가 세속화 되지 않게 하시고 하나님의 말씀만이 이 세상을 비추는 빛과 세상에 맛을 내는 소금이 되게 하소서. 하나님과 사귐으로 탐욕스러운 내 생각이 바뀌어 말씀 안에서 주님이 주시는 기쁨을 맛보게 하시며 말씀에 순종하며 남을 돕고 세상에 본이 되는 삶을 살며 세상의 즐거움이 지나가고 그리스도의 향기만 풍길 수 있는 교인이 되게 해 주시기를 간절히 기원합니다.

하루가 새롭고, 한 해가 새롭고, 일생이 새롭게 보이는 기독교 세계관을 갖게 하시며 이 새로운 모습으로 이해에도 우리가 하나님께서 주신 약속의 땅을 밟고 서기를 간절히 기원합니다.

부활절 기도

하늘에 계신 우리 하나님 아버지!

이날 아침, 부활하신 주를 경배하고 찬양합니다. 새벽을 기다려 주를 찾은 제자들에게 빈 무덤을 보이시고 부활하신 주님, 부활을 소망하는 우리들의 첫 열매가 되신 것을 감사합니다. 이 세상을 지배하는 사망의 권세를 이기시고 승리하신 것, 감사합니다. 흩어진 제자들에게 부활하신 주님의 모습을 보이시고 성령을 약속하신 것 또한 감사합니다. 부활이신 주님!

이제는 죽음이 우리 앞에 있어도 두려워하지 않겠습니다. 사망의 쏘는 독은 힘을 잃었습니다. 물과 피를 흘리시며 '다 이루었다.'고 말씀하시고 운명한 주님, 우리도 이제 우리의 죄를 십자가에 못 박았사오니, 부활하신 주와 함께 변화되어 새 생명으로 거듭나게 하소서.

그러나 우리는 육신을 가진 나약한 인간들입니다. 주님의 고난에 동참하지 못하고 지난 한 주간도 절제하는 삶을 살지 못하였습니다. 주께서 그렇게 사랑하신 가난한 자와 옥에 갇힌 자와 병든 자들을 돌보지 못하였습니다. 육신으로는 주를 따르지 못하여 번민하며 신음하였습니다. 그러나 주께서는 우리 인간의 나약함을 아시고 우리를 자유케 하시려고 십자가의 고난을 겪으셨사오니, 이제는 이 자유를 방종의 도구로 쓰지 말고 기뻐 뛰며 자원하여 주를 섬기게 해 주시옵소서. 나를 다 드립니다. 내 안에 들어와 사시며 내 삶을 주께서 살아 주십시오.

마지막 날에 정의와 심판주로 오실 예수님, 종말을 미리 알고 그날에 대비하여 오늘을 사는 저희의 믿음이 헛되지 않을 것을 믿습니다. 부활하사 하나님의 아들이 된 것을 만방에 보이신 것을 감사합니다. 승천하사 이 세상을 떠나시며 우리에게 성령을 충만하게 부어 주신 것을 감사합니다. 이제는 허무와 좌절과 죽음이 변하여 우리가 생수와 같은 기쁨으로 넘칩니다.

굶주리고, 인권을 유린당하고, 모진 상처로 몸부림치는 영혼에도 눈부신 부활의 소망을 주십시오. 오백여 형제에게 보이시고 승천하사 하나님 우편에 앉아 계신 주여! 주께서는 하늘의 처소를 예비하시고 우리를 부르시는 것이 보입니다. 우리를 의롭다고 인치시고 구별하여 성화시키신 주님, 이제 저희를 영화롭게 하시고 마지막 날까지 우리를 경건하게 보전하사 당신의 온전한 세상에 있게 해 주시기를 이 부활절에 기원합니다.

어린이날 기도

사랑의 하나님. 오늘 어린이날을 맞아 우리 자녀들과 모든 어린이를 위해 기도합니다.

저희가 어린이들을 기를 때 그들은 나의 것이 아니며 주의 소유이며, 우리는 다만 청지기인 것을 깨닫게 하소서. 내 뜻대로 성장하게 마옵시고 하나님의 뜻을 따라 자연스럽게 성장하기를 원합니다. 어린이들이 어른들의 장식품이 되지 않게 하시고 주께서 주신 은사가 그들 안에서 날개를 달게 하소서. 어린이들에게 기도하라고 말하기 전 우리가 기도의 본을 보이게 하시며, 공부하라고 말하기 전 우리가 공부하는 부모가 되게 하소서.

악하고 험하고 문란한 세상에서 물불을 가리지 않고 뛰는 애들의 행실을 어떻게 바르게 하오리까? 기도하오니 주의 말씀을 주시고 말씀에 따라 그들이 행동을 삼갈 수 있게 하옵소서. 어린이들은 이 나라 장래의 소망입니다. 노인보다, 장년보다 이 어린이들이 더 크게 보일 수 있는 영안을 부모들에게 주시며, 아이들 한 명 한 명이 당신의 사랑 안에서 밝고 건강하게 자라도록 은혜를 내려 주옵소서.

주여! 우리 가정에 어린 생명을 주셨을 때 우리가 기뻐하고 행복했던 순간을 기억하게 하시며 우리가 저들을 기르는 능력이 부족하여 그들의 행동을 당장 이해할 수 없을 때도 어버이들에게 소망의 인내로 주께 지혜를 구할 수 있게 하소서. 어느 경우에도 어린이들이 학대받는 일이 없게 하시며, 오히려 우리가 그들을 통해 하나님의 계시를 받게 하소서. 이 나라의 장래인 어린이들이 바르게 성장할 수 있게 도우소서.

주께서는 어린이들은 "하나님의 나라가 이런 자의 것"이라고 말씀하시며 어린아이를 안고 축복해 주시며 누구든지 이 어린아이와 같이 되지 않으면 결코 천국에 들어가지 못한다고 말씀하신 그런 귀한 존재가 어린이들입니다. 결혼한 부부가 자기들의 안일을 위하여 자녀를 양육하는 귀한 일을 포기하지 않게 하시며, 자녀를 가진 부모들은 자기의 소유물처럼 어린이들을 과보호하지 않게 하시며 훌륭한 대학에 보내야 출세하며 좋은 직장에 들어가야 가문의 영광이 된다고 부모의 욕심을 따라 주께서 아끼는 어린이를 괴롭히지 않게 되기를 빕니다. 또한, 자녀를 가르치는 교사를 자기 자녀의 과보호로 성토하며 순진한 어린이의 웃음을 빼앗아 가고 잘 가르치겠다는 교사의 헌신이 헛되지 않기를 간절히 빕니다.

오늘 하루, 아이들의 웃음이 가정과 교회와 이 땅을 밝히고 하나님께 영광을 돌리는 기쁨의 날이 되기를 소망합니다.

맥추감사절 기도

사랑과 은혜가 풍성하신 하나님 아버지.

오늘 맥추감사절을 맞아 한 해의 첫 열매를 주신 주님께 감사와 찬송을 올려드립니다. 긴 겨울과 봄을 지나 상반기 동안 우리의 삶을 지켜 주시고, 험한 길 가운데서도 하나님의 손길로 보호하시며 필요한 것을 채워 주심에 감사를 드립니다.

뿌린 대로 거두게 하시고, 수고한 손길 위에 은혜와 힘을 더하여 주셨음을 고백합니다. 주님, 우리가 드리는 이 감사가 단지 풍성함 때문만이 아니라 하나님이 우리의 삶의 주인이시며, 모든 것이 하나님의 은혜라는 사실을 기억하는 고백이 되게 하소서.

첫 열매를 드리는 마음으로 우리의 시간과 정성과 헌신도 주님께 올려드립니다. 남은 한 해도 주님의 인도하심을 놓지 않게 하시고, 우리의 가정과 교회를 믿음 위에 굳게 세워 주시며, 하루하루를 주님 안에서 감사와 기쁨으로 살아가게 하소서.

주께서 맡기신 사명을 성실히 감당하게 하시고, 우리의 손으로 하는 일마다 하나님의 영광이 드러나게 하시며, 우리가 모두 이웃에게 선한 열매를 맺는 삶이 되게 하옵소서. 오늘 드리는 예배를 기쁘게 받아 주시고, 우리의 마음이 새로워지며, 감사가 넘치는 복된 절기가 되게 하옵소서. 예수 그리스도의 이름으로 기도드립니다.

교회 창립기념 주일 기도

하나님 아버지. 우리 교회가 창립한 지 73년이 되어 73주년 창립기념 예배를 드리게 된 것을 감사합니다.

하나님께서는 우리 교회를 사랑하시어 일찍이 전북 익산군에서 마을 이장으로 계시던 최복락 장로를 대전의 선교부 관리자로 부르시어 1951년 졸망졸망 딸린 6남매를 거느리고 이곳에 보내시고 1952년 7월 27일 안광국 목사 주관으로 오정교회 창립 예배를 드리게 해 주신 것을 감사드립니다.

말씀의 황무지였던 오정골에 한남대학의 전신인 대전대학을 세우시고 우리 교회를 통해 많은 영혼을 구하심은 주님의 섭리이심을 믿습니다. 특히 총회에서 세 번이나 총회장을 역임하신 이자익 목사님을 초대 당회장으로 모시게 된 것도 주님의 인도하심이라 생각하고 감사드립니다. 우리 교회는 73년 동안 많은 목회자와 학자와 신실한 신앙인들을 배출하였습니다. 장신대의 총장을 역임하신 서정운 목사, 맹용길 목사 등이 교인의 신앙을 지도하셨으며, 여자기숙사 사감인 김지옥 권사는 본 교회 전도부장으로 기숙사생을 성가대원과 각 부 부장으로 봉사케 하며 대전대학 졸업 예배는 1회부터 얼마 동안 우리 교회에서 주관했습니다.

미국 댈러스의 한인 교회에 시무한 박화자 목사는 프린스턴에서 교육학 박사를 마치고 현재 24년 동안 외국인에게 우리말을 가르치고 있는 분으로 전에는 한국 여전도회 연합회 간사로 지냈던 분인데 우리 교회에서 주일학교 교사를 지내기도 했던 분입니다. 이렇게 풍성한 지도자로 은혜를 베푸신 교회입니다.

주님! 이제는 이런 과거의 저력을 가지고 하나님의 말씀을 전하는 교회가 될 차례입니다. 2년 전에는 우리 교회가 〈생명 강물 프로젝트〉로 1,000만 원을 동 사무소에 기탁하여 사무소와 협업해서 주말 토요일에는 취약 가구를 방문해 주거 환경을 개선해 주는 활동을 하도록 교인들을 독려해 주신 것을 주께 감사드립니다. 이제는 우리 교인이 교회에만 갇혀 있는 것이 아니라 어려운 이웃을 찾아 섬기게 된 것입니다. 그들을 도와주고 감사하는 할머니와 목사님이 그 가정을 위해 기도할 때는 우리는 우리 목사가 교회의 목사일 뿐 아니라 우리 지역구의 목사가 되었다고 자부하게 되었습니다.

주여 우리 교회가 이제는 세상에 나아가 빛과 소금의 역할을 할 뿐 아니라 주님께서 우리에게 분부한 모든 것을 가르쳐 지키게 하는 사명도 감당하게 하시옵소서.

추수감사절 기도

　　하늘에 계신 우리 아버지, 자비로운 주님의 손 길에 이끌림을 받아 오늘도 주님 앞에 나왔습니다. 오늘 하루도 주님의 자녀로 합당한 삶을 살아 아버지의 이름이 우리로 말미암아 거룩히 여김을 받으시기를 기도합니다.

　　오늘은 추수감사절로 지키는 날입니다. 만 가지 은혜로 항상 축복해 주신 것을 마음속에 담고 이를 표현하지 못하고 살아왔는데, 오늘은 그 마음을 조금이라도 표현할 수 있게 감사절을 지킵니다. "종은 울릴 때까지 종이 아니요, 축복은 감사할 때까지 축복이 아니다"라고 했는데 오늘 감사한 마음을 드리는 기회를 주시니 참으로 감사합니다.

　　그동안 몇 번이나 큰 태풍과 산불로 우리에게 어려움을 주시더니 지금은 청명한 가을 날씨를 주시고 오곡이 무르익고 백과가 이렇게 탐스럽게 열매를 맺어 하나님께 바치게 되니 감사합니다. 물질뿐 아니라 우리 안에 내주하는 성령으로 말미암아 풍성하게 익어 가는 우리의 영적인 열매도 주님께 드리기를 소원합니다.

태초부터 우리를 택하시어 구원해 주시고 자녀 삼아 주신 것을 감사합니다. 주님께서는 우리에게 마음의 평화를 주셨습니다. 우리의 꿈도, 우리가 어려움에 이길 수 있는 인내심도 주셨습니다. 목적을 두고 우리를 이끄시는 것도 주님이시며 순결을 사모하고 지키게 하신 것도 주님이십니다. 경배하고 찬양하는 영혼을 주시고 주를 증거하는 능력을 주신 것도 주님이시며 보잘것없는 우리를 불러 쓰시며 예배하며 기도하는 삶을 살게 하신 것도 주님이십니다. 이 모든 것을 감사합니다.

우리가 가진 재물 없어도, 우리가 많이 배우지 못했어도 남이 못본 것, 보게 하시고, 남이 듣지 못한 음성 듣게 하시고, 남이 깨닫지 못한 것 깨닫고 사는 하늘나라의 백성 되게 해 주시옵소서. 눈으로 보지 못하고, 귀로 듣지 못하고, 사람의 마음으로 생각지도 못한 것을 성령으로 우리에게 계시하여 알게 하여 주시옵소서.

주님, 그러나 이 가을에 우리가 거둔 영의 양식은 무엇입니까? 불에 태워 버릴 가라지만 거둔 것이 아닐까요? 이제는 주께서 주신 영의 양식보다 심부름 잘하는 로봇이나 농사를 돕는 드론에 정신이 빼앗겨 하나님의 나라와 영의 양식은 교회에 다니는 기독교인까지 관심이 없는 것 같아 부끄럽습니다. 주님께서 주신 모든 것은, 내 마음대로 쓰되 십분의 일은 주께 바쳐야 하는데 금년 추수감사절에는 그 십분의 일도 주께 드릴 영의 양식인 용서와 사랑과 섬김은 찾

아보기 힘들어 빈손으로 와서 감사절을 지키는 것 같아 가슴 아픕
니다.

주여! 이 불쌍한 미아를 용서하소서.

대림절 기도

2023년 새해를 앞두고 이해에도 육신을 입으시고 세상으로 오신 예수님을 기다립니다. 수많은 천군이 그 천사와 함께 하나님을 찬송하는 가운데 아기 예수로 오신 주님이시어 다시 오시어 우리로 종의 멍에를 메지 말게 하시며 온전히 거듭나게 하사 하나님과 동행하는 삶을 살게 하소서. 내가 주와 함께 십자가에 못 박혀 죽게 하시고 이제는 내 안에 주만이 살게 하소서. 이제, 우리가 육체 가운데 사는 것은 우리를 사랑하사 십자가에 돌아가신 하나님의 아들을 믿는 믿음 안에서 있는 것을 알게 하소서.

나라를 위하여 기도합니다. 주께서 우리나라를 사랑하사 가장 가난한 나라에서 한 세기도 되기 전에 세계 사람들이 놀라며 부러워하는 잘 사는 자유민주주의 국가로 우뚝 서게 해 주셨습니다. 그런데 요즘 백성의 뜻을 받들어 나라를 다스린다는 지도자들은 사랑을 모르고 용서할 줄 모르며 거짓말을 참말처럼 해서 진리가 무엇인지 하나님의 음성을 분간할 수 없게 만들고 있습니다. 거리마다 주먹을 흔드는 요란한 외침과 광적인 행위들이 많아 주께서 오시기 전의 혼돈 그대로입니다. 이 나라에 구원받은 주님의 제자들이 그렇게 많은데 왜 이리 세상은 주님의 뜻에 역행하는 것일까요? 구원받았다는 주님의 제자들이 교회에 모여 바리새인들처럼 자기 의만 뽐내고 있을 뿐 세상에 나가 기독교 윤리를 실천하며 사는 삶으로 본을 보이지 못한 탓이 아닐까요? 주님께서는 우리를 부르셔서 "너희는 세상의 소금이요, 빛"이라고 하셨는데, 우리는 천국을 비추는 빛으로 살지 못하고 내 몸을 녹여 세상의 부패를 막는 소금 노릇을 하지 못하였습니다. 하나님께서 넘치는 은혜를 주셔서 우리로 누리고 살게 하셨는데 이제는 그 은혜의 강물을 세상으로 흘려보내 주님처럼 섬기는 삶을 저희가 살지 못함을 회개합니다. 육체로는 살아있으나 영으로는 죽어 있는 많은 영혼을 곁에서 보면서도 우리는 "나와 같이 주를 모시고 그분의 인도를 따라 살아보자"라고 용기 있게 권고하지 못한 비굴한 주님의 제자였습니다.

주여! 다시 오셔서 우리에게 불의 혀 같은 충만한 성령을 부어 주셔서 우리로 세상을 향해 담대히 나아가게 해 주시옵소서. 6일 동안 세상에 나가 세파에 시달려 우리 영혼이 피곤해졌을지라도 주일에 교회에 모여 목사님께서 주시는 말씀으로 재충전할 수 있게 해 주시옵소서. 그래서 파송의 찬양으로 교회를 떠날 때는 잠자던 내 영혼이 다시 권능을 받고 세상에서 하늘에 계신 아버지의 뜻대로 행하며 사는 자가 되게 하소서. 우리의 삶이 단 한 사람에게라도 가치관의 변화를 가져오는 이적을 가져오게 해 주시기를 간절히 기원합니다.

성탄절 기도

육신을 입으시고 인간의 역사에 오신 주님이시여!

예수님께서 낮고 천한 구유에 태어나신 이날이 우리가 헌 옷을 벗고 새 옷을 입는 새로운 날의 시작입니다. 그러나 밤이슬을 맞고 별을 벗 삼아 밤을 지새우던 목자들과 별을 보고 먼 땅을 돌아온 동방박사 외에는 아기 예수가 어떤 분인가를 아는 사람이 없었습니다.

훗날 주를 통해 소경이 보며, 앉은뱅이가 걸으며, 죽은 자가 살아나며, 가난한 자에게 복음이 전파되는 것을 보고도 저희는 주를 알아보지 못하였습니다.

왕 중의 왕으로 오신 주님이시여!

세상의 왕들이 백성의 피로 자기를 살찌우며 백성 위에 힘과 권위로 군림할 때 주께서는 자신의 피로 백성을 사시고 저들을 섬기는 왕으로 오셨습니다. 이 세상의 끝이 새로운 시작이 되는 당신의 새 하늘을 계시하시옵소서.

내가 가는 힘든 언덕길이 때로는 험하고 아무도 함께 걸어가 주지 않은 외로운 길이라 할지라도 그 길이 공의가 하수처럼 흐르는 당신의 새 하늘에서 영광의 면류관을 보는 길이 되게 해 주시옵소서.

우리 죄를 사하시기 위해 자신의 생명을 내어 주시기 위해 오신 주님이시여! 탄생의 기쁨과 함께 죽음의 슬픔을 맛보게 하시며 죽음의 슬픔과 함께 부활로 승리하는 기쁨을 맛보게 하시옵소서. 입 맞추고 스승을 배반한 사람이 누구입니까? 십자가에 못 박으라고 외친 폭도들이 누구입니까?

우리를 구원코자 십자가에 달리신 주를 부인한 자가 누구입니까? 이 모든 일을 인내하고 용서하시며 십자가를 지신 주의 일생을 말구유에 누인 어린 아기 예수에게서 보게 해 주시옵소서.

찬양을 받으시기에 합당한 주님!

경배합니다. 찬양합니다. 아기 예수로 우리 마음에 오시옵소서. 내 마음속에서 생명의 씨앗으로 자라면서 저를 변화시켜 주시옵소서. 주님 오신 성탄의 아침, 우리가 거듭나기를 바랍니다. 주님! 우리 안에 오시옵소서.

발문

오승재 작가를 회상한다.

필자는 대학 교수직에 있던 시절 1970년대와 1980년대 두 차례 해직 생활을 겪었던 경험이 있다. 지난 해직 교수협의회 멤버들이 중심이 되어 복직 이후에 다른 교수 단체 하나를 결성해 운영했는데, 그것이 전국기독자교수협의회였다. 후에 밝혀진 사실은 이 기독자교수협의회 멤버들이 지난 해직 교수협의회 멤버들과 많이 겹쳐 있다는 사실이었다. 혹시 앞서 보수적으로 움직이던 그 기구가 후에 복직 교수들이 중심이 된 기구로 탈바꿈하면서 보다 진보적인 성향을 띤 기구로 변모하게 되었는지도 모르겠다.

필자 역시 이 기구의 멤버가 되어 함께 활동하기 시작했는데, 1994년 전남대의 명노근 교수가 회장이 되면서 필자에게 총무 책임을 맡겨 함께 2년 동안 일하게 되었다. 바로 이때 필자는 그 협의회의 멤버 가운데 한 분인 오승재 교수와 처음 얼굴을 맞대게 되었던 것 같다. 그리고 1996년 새로이 숙명여대 이만열 교수가 회장이 되면서 필자는 부회장 책임을 이어 맡게 되었는데, 이때도 역시 참여도가 높은 오승재 교수를 계속 만나게 되었던 것으로 기억한다.

당시 그 기독자교수협의회가 지난 시절 해직 교수였던 이들(명노근, 이만열로 이어진 임원 명단에서도 나타나듯)이 일종의 주도권(?)을 잡고 있었던 점을 감안하면, 흔히 말하듯 순수하게 보수적이기만 한 교수들은 그 모임의 흐름에 일종의 추종 세력으로 남아 있기는 어려웠던 분위기였다고 보겠다. 또 다른 말로 바꾸면, 어지간히 진보적인 학풍(정신)을 수용하지 않는 사람이라면 그 모임의 흐름에 발맞추어 따라가기가 어려웠을 것으로도 보인다. 그러므로 오 교수는 그런 관점에서 보아 매우 단단한(확고한) 분이었다고 필자는 확신한다. 그 점이 다음에서 뚜렷이 증명되었다.

바로 위의 그 모임들에선 가끔 데면데면 대하게 되었던 그분을 이후 괄목상대(刮目相對)하게 되었던 계기는 그분이 필자에게 그의 소설집을 읽고 평설로 써 주기를 부탁한 뒤부터였다. 나는 그 소설집 『神 없는 神 앞에』(2005)를 읽고서 속으로 매우 놀랐다. 나는 문학을 공부하면서 특별히 기독교 문학에 관한 관심이 유달랐다고 스스로도 자부하고(?) 있었는데, 그 작품집 속의 몇 소설 작품들을 대하고서는 언필칭 유규무언(有口無言)의 상태로 돼버린 자신을 발견했기 때문이다. 달리 말해, 그 앞서 제법 많은 기독교 소설들을 읽어 왔노라고 자부했던(?) 자신이 오 작가의 작품들을 대하고 나서는, 나 자신이 지금껏 무슨 작품들을 읽어 왔는가, 자문자답(自問自答)하게 되는 처지가 돼 버렸다는 뜻이다.

지금까지 필자가 주로 읽었던 기독교 소설 작품들은 말하자면 기독자의 내면, 곧 기독 신자 개인의 양심(믿음)에 관한 물음이나 고민이 주축이 된 작품들이었던 것으로 기억된다. 그러나 오승재 작가는 매우 다른 방향에 관심을 기울이고 있었다. 즉 신자 개인의 양심(신앙)에 관한 문제라기보다는 '집단 내 정의(正義)'와 관련된 문제였다고 생각한다. 여기서 집단이라고 함은 곧 교회 공동체를 가리킴이다. 그 후 그의 또 다른 소설집『급매물 교회』(2014)를 받아 읽고 나서는 앞서(2005) 대표작들, 곧『제일교회』,『대성리교회』와 이번(2014)의 대표작들, 즉『급매물 교회』,『목갈치 교회』등이 일정한 흐름으로 서로 상통하고 있음을 알게 되었다.

오 작가는 상기 작품들을 통해 교회 권력의 문제, 곧 교권이란 것의 민낯을 풍자하고 있었던 것이다. 여기서 풍자는 다른 말로 바꾸면 비판이 될 것이다. 기독교 권력, 곧 교권이 얼마나 부정적인 의미를 지니는가는 이른바 종교개혁(宗敎改革)의 역사를 통해 우리가 너무도 잘 아는 바이다. 그럼에도 불구하고 현대의 개신교회들도 그 교권이란 덫에서 헤어 나오지 못하고 있음을 상기 작품들은 너무도 잘 보여주고 있다. 하나는 교회의 상부 계층이라 할 목회자(목사·장로?) 중심의 교권 지향성이요, 또 하나는 평신도(장로·집사…) 중심의 교권 지향성이라 할 것이다.

그러나 그 어느 쪽도 '예수 복음의 핵심'에서 벗어나 '인간 중심의 방향'으로 흐르는 행태를 보일 때에는 주님으로부터 "독사의 자식들아!"(마 23:33)란 힐책을 면키 어려울 것이다. 필자는 오승재 작가의 이런 '비판 정신'과 '정의 지향'의 기백에 대하여 박수를 쳐드리고 싶다. 오직 정의가 물같이, 공의가 마르지 않는 강같이 흐르는(암 5:24) 그런 교회 공동체가 이룩되기를 바라는 한결같은 그의 마음을 존중하지 않을 수 없다.

오승재 작가는 금번에 『낙수집(落穗集)』(2026)이란 문집을 펴내게 되었다. 머리말에서 오 작가는 이렇게 밝혔다. 이 문집을 내게 된 것은 "순수 문학 작품집으로서가 아니라 물질과 권력 앞에 수혜국에서 공여국으로 바뀐 나라가 기독교 가치관이 무너지는 걸 보며, 교회가 '예수쟁이'만 만들고 사랑과 섬김으로 세상에서 본이 되는 인재를 기르지 못한 걸 안타까워하며 교회 갱신을 외쳤던… 작품들을 모은 것"이라고 말이다.

90대의 노(老) 작가로서 아직도 이런 교회 갱신(개혁) 지향적 기백을 견지하고 있음을 보면 우리 독자들의 처지가 오히려 부끄러워지는 지경에 처해짐을 느끼며, 우리 역시 새로이 각성해야겠다는 다짐을 스스로 하지 않을 수 없다. 이 문집을 통해, 위와 같은 귀한 가르침을 독자 제위께서 충만히 받아들이는 기회가 되기를 바라며, 부족한 필자의 글을 여기서 마치기로 한다.

임영천*

---

* **임영천** 1985년 첫 평론집 『삶과 믿음의 문학』을 출간하며 문학평론 활동을 시작했다. 1986년 9월 월간 「기독교사상」에 이문열론 「이념을 넘어선 인간해방의 찬가」를 발표하며 본격적인 비평 활동을 펼쳤다. 문학평론집으로 『한국현대문학과 기독교』, 『문학연구와 실천 비평』, 『문학의 맛, 문학의 멋』 등 다수가 있다. 한국문인협회 평론분과 회장, 한국문학비평학회 회장을 역임했으며, 조선대학교 명예교수이다.